高等院校学前教育专业创新型系列教材

幼儿教师音乐教学综合技能

陈宁 林媛媛 主编

张潺 黄科 陈平 副主编

清華大学出版社

北京

内 容 简 介

本书主要根据《3~6 岁儿童学习与发展指南》中国家对儿童学习与发展的基本要求，结合学生学习与发展的实际需求编写。本书内容包含"中外儿童经典音乐动画影片赏析""儿童综合音乐活动的组织与设计""幼儿园'主题式'音乐活动实践""儿童音乐绘本剧的创排"四个工作领域，每个领域以"单元—模块—任务"为体例，设有"学习目标""观摩体验""模拟演练""反思"四个环节，以学生为主体，遵循"做中学，做中教"的教学理念，在厘清理论知识的基础上，注重实践运用。

本书可供高等院校学前教育专业学生使用，也可作为幼儿教师在职培训和学习用书。

图书在版编目（CIP）数据

幼儿教师音乐教学综合技能 / 陈宁，林媛媛主编 .
北京：清华大学出版社，2024.9. --（高等院校学前教育
专业创新型系列教材）. -- ISBN 978-7-302-67220-3

Ⅰ . G613.5

中国国家版本馆 CIP 数据核字第 2024PY2512 号

责任编辑：张　弛
封面设计：刘　键
责任校对：袁　芳
责任印制：沈　露

出版发行：清华大学出版社
　　　网　　址：https://www.tup.com.cn，https://www.wqxuetang.com
　　　地　　址：北京清华大学学研大厦 A 座　　　　邮　编：100084
　　　社 总 机：010-83470000　　　　　　　　　　邮　购：010-62786544
　　　投稿与读者服务：010-62776969，c-service@tup.tsinghua.edu.cn
　　　质量反馈：010-62772015，zhiliang@tup.tsinghua.edu.cn
　　　课件下载：https://www.tup.com.cn,010-83470410
印 装 者：三河市君旺印务有限公司
经　　销：全国新华书店
开　　本：185mm×260mm　　　印　　张：11.75　　　字　数：270 千字
版　　次：2024 年 11 月第 1 版　　　　　　　　　印　次：2024 年 11 月第 1 次印刷
定　　价：49.00 元

产品编号：102792-01

前　言

　　学前教育是高质量教育体系的基础和起始环节，党的二十大报告将"教育、科技和人才"摆在"全面建设社会主义现代化国家的基础性、战略性支撑"这一新高度，提出要加快建设高质量教育体系，强化学前教育，加强教师队伍建设。

　　本书的编写依据《3~6岁儿童学习与发展指南》《幼儿园教师专业标准（试行）》《幼儿园教育指导纲要（试行）》的要求，以立德树人为根本，以提高学生音乐综合技能为任务，旨在培养德才兼备、符合新时代要求的学前教育人才。

　　本书包含四个工作领域，每个领域以"单元—模块—任务"为体例，设有"学习目标""观摩体验""模拟演练""反思"四个环节，每个任务以视频素材和知识点导入，模拟任务情境，以小组为单位合作完成学习任务，根据任务表单评价是否达成学习目标。工作领域一为"中外儿童经典音乐动画影片赏析"，通过精心挑选的音乐动画片段，展示中外儿童经典音乐动画的多样性，引导学生聆听、观看音乐动画，感受音乐和动画的有机结合，掌握对动画中音乐元素的解读。工作领域二为"儿童综合音乐活动的组织与设计"，以学前儿童音乐活动中常用的童谣、儿歌、乐器为切入点，通过幼儿园常用的音乐素材指导学生掌握单人和多人的音乐活动设计与组织方法。工作领域三为"幼儿园'主题式'音乐活动实践"，立足爱国情感的培育并结合幼儿生活的实际，精选"爱国""四季"两大音乐活动主题，指导学生掌握小、中、大班不同类型音乐活动的设计与指导。工作领域四为"儿童音乐绘本剧的创排"，借助优秀的儿童音乐绘本剧的片段，让学生感受音乐与绘本故事的融合，理解如何通过音乐、表演和视觉效果共同呈现一个完整的剧场体验；引导学生关注剧本中的音乐要素，以及如何将这些要素转化为生动的舞台表现。

　　本书遵循"做中学，做中教"的教学理念，以职业能力为本位，根据课程的综合化、模块化需求，科学合理地设计学习步骤，引导学生自主学习、小组合作学习；将理论知识紧扣实践运用，以幼儿教师音乐综合技能为主线，结合应知应会的相关理论知识，为学生走向工作岗位开展音乐活动打下良好的基础。

　　本书编写团队由职业教育专家、产教融合智库专家、职业院校教研室主任、课程负责人、骨干教师组成。根据专业知识和岗位需求，搭建"理实一体化"的结构框架。本书由陈宁、林媛媛担任主编，张潺、黄科、陈平担任副主编，张晶、胡瑾、武美、王诗涵、王溧淞、郭胜男、史晓睿、荆睿共同编写。在编写过程中，山东大学幼教中心的张晶园长提供了真实的幼儿园素材，本书的出版也得到了幼乐美（北京）教育科技有限公司的大力支持，校企双方充分发挥优势，以社会需求为导向，对标"岗课赛证"教学体系，突出产教融合特色，打造具有时效性、实践性和复合型的校企共创高质量教材，在此对企业的大力支持表示感谢。同时，编者吸收和借鉴了学前教育领域音乐类书籍的精华，在此也向同类书籍的原作者表示感谢。

为了方便教学，本书以二维码的形式配备了视频、知识点资源供学习者在线学习，学习者使用"幼乐美学习云"平台扫码即可在线观看。本书可供学前教育专业学生使用，也可作为幼儿教师上岗培训及继续教育教材。

编　者
2024 年 4 月

教学课件

目 录

工作领域一
中外儿童经典音乐动画影片赏析

工作领域二
儿童综合音乐活动的组织与设计

工作领域三
幼儿园"主题式"音乐活动实践

工作领域四
儿童音乐绘本剧的创排

工作领域一

中外儿童经典音乐动画影片赏析

单元一　中外特色动画电影音乐赏析

模块一　动画电影《大闹天宫》音乐赏析

任务一　学习《大闹天宫》配乐欣赏

一、学习目标

☑ 欣赏电影配乐，了解京剧的艺术特色。

☑ 体验配乐欣赏活动，理解乐曲表达的意境，感受乐曲的情绪和发展变化。

☑ 能够以小组形式，完成以音乐动画电影《大闹天宫》的配乐为素材的幼儿音乐活动。

二、观摩体验

（一）观摩视频

1-1　扫码观看《大闹天宫》片段	1. 课前观看音乐动画电影《大闹天宫》。 2. 扫码观看音乐动画电影《大闹天宫》视频片段，欣赏片段内容及配乐，回答以下问题。 引导问题： （1）说一说音乐动画电影《大闹天宫》有哪些情节。
1-1　任务一知识点扫码自主学习	（2）你认为音乐动画电影《大闹天宫》配乐主要运用了哪种戏曲？请用不少于三个关键词形容一下这种戏曲的特点。

（二）体验学习

结合活动素材，在教师的带领下欣赏音乐动画电影《大闹天宫》配乐，感受戏曲表达的情绪，并用不同的方式表现出对戏曲的感受。

活动序号	配乐欣赏	活动内容
1	欣赏片段（一）"嬉戏花果山水帘洞"配乐，感受戏曲的意境	学生以小组为单位思考与讨论，用单人或多人合作的方式，将花果山环境中的人或物用肢体造型表现出来，并进行分享
2	欣赏片段（二）"孙悟空闹海龙宫得金箍棒"配乐，感受戏曲表现的情绪	学生入戏（扮演）老龙王，演出或说出老龙王的内心话
3	欣赏片段（三）"天宫大打出手回花果山"配乐，感受乐器的演奏	学生以小组为单位，讨论和分享听到的乐器，并查找资料进行了解

▲ 片段（一）配乐　　　　▲ 片段（二）配乐　　　　▲ 片段（三）配乐

三、模拟演练

结合学习支持的内容，完成以下内容。

1. 小组讨论

学生以小组为单位，任选上述活动1、活动2、活动3中的一个进行创编（也可以自行选择音乐动画电影《大闹天宫》中其他配乐作为素材），设计一节幼儿音乐教学活动，自由确定适用班型，并完成以下工作表单。

要求	① 分小组讨论 ② 讨论时间不超过20分钟	
准备	班型：□小班　□中班　□大班 素材： 物料：	
活动内容		模拟试讲后修改：

2. 实操演练

组内选出一位引导者（如有需要，也选出助教），邀请另一组学生以参与者（幼儿）的身份，模拟幼儿园真实情境，实施幼儿音乐活动。一组展示，其他组进行观察，每组轮流进行。

> Q1：组织与实施活动时，你认为最大的挑战是什么？

> Q2：在本次设计与实施幼儿音乐活动时，你会注意些什么？

四、反思

> **Q** 你认为以音乐动画电影《大闹天宫》配乐为素材,可以进行哪些幼儿游戏呢?请举例说明。

A

任务二　学习《大闹天宫》配乐乐器

一、学习目标

☑ 欣赏电影配乐,感受京剧乐曲的节奏和调式。
☑ 体验乐器欣赏活动,了解京剧乐器的知识、掌握京剧乐器的音色。
☑ 能够以小组形式,完成以音乐动画电影《大闹天宫》配乐乐器为素材的幼儿音乐游戏。

二、观摩体验

(一)观摩视频

1-2　扫码观看《大闹天宫》片段

1-2　任务二知识点扫码自主学习

扫码观看音乐动画电影《大闹天宫》片段,感受配乐的节奏和调式,体会配乐中乐器的使用。

引导问题:

(1)查找资料,说一说《大闹天宫》京剧的场面是文场还是武场,以及在这段乐曲中你感受到的情绪。

(2)查找资料,填写以下工作表单。

京剧的常用乐器		场面
管弦乐器	常见的管弦乐器有_____、_____、_____、_____等	"文场"
打击乐器	常见的打击乐器有_____、_____、_____、_____、_____等	"武场"

（二）体验学习

在教师的带领下进行乐器欣赏活动，了解京剧乐器的知识、掌握京剧乐器的音色。

1. 查找资料，完成以下工作表单

• 请将乐器名称与乐器图片进行正确连线

管弦乐器：		打击乐器：	
京胡		板	
京二胡		单皮鼓	
月琴		大锣	
三弦		铙钹	

2. 了解乐器

结合以下素材，教师讲解乐器知识，演奏乐器（播放音频）；学生欣赏乐器音色。

3. 体验乐器欣赏游戏——"是谁的声音"

游戏规则：学生围坐成一个圆圈，请一名学生坐在圈内蒙上眼睛（或背对着老师）。小音量播放《大闹天宫》音乐片段，教师演奏某一种乐器（如单皮鼓、大锣、月琴等），然后请圈内的学生说出乐器的名称。猜对后，这名学生与另一名同学互换位置，游戏重新开始。该游戏可以提高学生分辨乐器音色的能力。

京剧常见乐器介绍

京胡：拉弦乐器。胡琴的一种，主要用于京剧伴奏。形似二胡但较小，琴筒由竹子制成，直径约 5 厘米，一端蒙以蛇皮，张弦二根，按五度关系定弦。奏时使马尾弓擦弦而发音，其音刚劲嘹亮，是京剧管弦乐伴奏中的主乐器。

二胡：拉弦乐器。胡琴的一种，比京胡大，琴筒由木制或竹制，直径为 8~9 厘米，一端蒙以蟒皮或蛇皮，琴杆上有二轸，张弦二根，按五度关系定弦。原来京剧伴奏并不用二胡，后由梅兰芳、徐兰沅、王少卿等人创始，在京剧青衣唱腔的伴奏中增添了二胡，现在广泛沿用。

小三弦：拨弦乐器。三弦的一种，京剧界习称南弦子。在曲调中起节拍作用，是京剧伴奏中主要辅助乐器之一。

月琴：拨弦乐器。发音清脆明亮，是京剧伴奏中主要辅助乐器之一。

单皮鼓：又称小鼓，是打击乐和管弦乐的指挥乐器。演奏时用两根细竹（通称鼓箭子、鼓签）；指挥时用底鼓，有时配合手势，各种乐器都随着它的指挥来演奏；歌唱时辅助板打节奏。司鼓、板者称为鼓佬（鼓师）。

板：又称檀板、拍板，打击乐器。由三块宽约6厘米、长约20厘米的红木或黄杨木板制成。分二组，前组二块木板，用弦缚紧，后组一块木板，二者以绳连接。主要用于歌唱时打节奏，也配合单皮鼓来领奏锣鼓点子和指挥其他乐器，合称鼓板。由打单皮鼓者兼管。

大锣：打击乐器。铜制，圆形扁平，直径约30厘米，有锣门（锣心，直径约10厘米的圆平面）、锣边（与锣心相连的外围斜面）两部分。奏时左手持锣绳，使锣面垂直；右手持击槌，以槌头（用布裹成）击打锣门或锣边而发音，声音高亢。京剧所用形体较小，称京锣，多用于武将或袍带人物的上下场，或战争及配合突变的情感等。打法有重击、轻击、闷音、掩音、揣锣、打边等。

钹：又称铙钹，打击乐器。铜制圆形，中部隆起如半球状，其径约全径的1/2，正中有孔，穿系绸条或布条。以两片为一副，相击发声。初出印度，后传至中国。有大小不同的多种形制。在大锣和小锣中间加强节奏，并起联系作用，有时也代替大锣配合某些动作。

三、模拟演练

1. 小组讨论

以小组为单位，创编游戏"是谁的声音"，自由确定适用班型和适用环节，并完成以下工作表单。

游戏名称		应用环节	
适用班型		□小班	□中班	□大班
游戏规则			模拟试讲后修改：

2. 实操演练

组内选出一位引导者（如有需要也选出助教），邀请另一组学生以参与者（幼儿）的身份模拟幼儿园真实情境，实施创编游戏。一组展示，其他组进行观察，每组轮流进行。

> Q1：在组织与实施游戏时，你认为应该注意些什么？

> Q2：你还能想到哪些适合幼儿以乐器展开的游戏，请小组内互相分享。

四、反思

Q　　在音乐动画电影《大闹天宫》配乐的乐器中，哪一个最让你印象深刻？为什么？

A

任务三　探索幼儿音乐活动《大闹天宫》

一、学习目标

☑ 体验幼儿音乐欣赏活动《大闹天宫》，总结组织方法及流程。
☑ 在活动体验中，感受教育戏剧策略的运用。
☑ 能够以小组形式创编与实施幼儿音乐活动《大闹天宫》。

二、观摩体验

（一）观摩视频

1-3　扫码观看视频"定格画面"

1-3　任务三知识点扫码自主学习

扫码观看视频，了解教育戏剧策略"定格画面"在幼儿音乐活动中的应用。

引导问题：
请分别用至少两个关键词说一说"定格画面"的特征。

（二）体验学习

学习音乐欣赏活动《大闹天宫》教师教案，感受教育戏剧策略在活动中的运用及如何引导活动。进行小组讨论完成以下问题并进行分享。

1-3　音乐欣赏活动
《大闹天宫》教师教案

1. 复盘活动流程

对本次教育戏剧活动流程进行复盘，完成以下工作表单，并进行讨论与分享。

活动名称：音乐欣赏活动《大闹天宫》	
活动环节	**活 动 内 容**
导入环节	热身游戏——走走停：
展开环节	音乐欣赏：
	身临其境：
	对比音乐欣赏：
	配置画面：
	集体讨论：
	设计电影宣传海报：
结束活动	

2. 感受"定格画面"策略的应用

请说一说活动中三处"定格画面"策略的使用环节、展现形式及应用效果，补充在下表中。

	使用环节："身临其境"环节；展现形式：个人完成、单独一幅 应用效果：创造人物、展现情景
定格画面	

三、模拟演练

1. 小组讨论

以小组为单位，创编幼儿音乐欣赏活动《大闹天宫》，设计一节完整的活动，并在组内进行演练，完成以下工作表单。（提示：可以结合任务一、任务二中的活动内容进行创编，也可以自行创编。）

活动名称	
活动目标	
活动重难点	
活动准备	
活动过程	模拟试讲后修改：
活动延伸	

2. 实操演练

组内选出一位引导者（如有需要，也可选出助教），邀请另一组学生以参与者（幼儿）的身份，模拟幼儿园真实情境，实施活动。一组展示，其他组进行观察，每组轮流进行。

➤ Q：在活动设计与实施中，你觉得哪一个步骤是最困难的？是如何解决的？

四、反思

Q 说一说该如何培养幼儿的音乐欣赏能力？

A

请你根据教学进度对本模块的每个任务依次进行评价。

评价任务	评价内容	评价标准	自　评	互　评
模块一任务一 学习《大闹天宫》配乐欣赏	乐曲欣赏力	能够在乐曲欣赏中感受乐曲的情绪和发展变化	☆☆☆☆☆	☆☆☆☆☆
	肢体表达力	能够准确、迅速地用肢体造型表达意向	☆☆☆☆☆	☆☆☆☆☆
	方案设计	根据活动要求，合理设计活动教案	☆☆☆☆☆	☆☆☆☆☆
	模拟试讲	根据教案和幼儿年龄特点，合理展示试讲演练	☆☆☆☆☆	☆☆☆☆☆
	团队协作	成员配合默契，活动效果好	☆☆☆☆☆	☆☆☆☆☆
模块一任务二 学习《大闹天宫》配乐乐器	乐曲欣赏力	能够感受京剧乐曲的节奏和调式	☆☆☆☆☆	☆☆☆☆☆
	乐曲掌握力	能够了解不同京剧乐器的知识、掌握京剧乐器的音色	☆☆☆☆☆	☆☆☆☆☆
	方案设计	根据活动要求，合理设计活动教案	☆☆☆☆☆	☆☆☆☆☆
	模拟试讲	根据教案和幼儿年龄特点，合理展示试讲演练	☆☆☆☆☆	☆☆☆☆☆
	团队协作	成员配合默契，活动效果好	☆☆☆☆☆	☆☆☆☆☆
模块一任务三 探索幼儿音乐活动《大闹天宫》	活动总结力	能够积极体验教学活动，并能进行总结	☆☆☆☆☆	☆☆☆☆☆
	戏剧感受力	能够掌握教育戏剧策略在教学活动中的应用方法	☆☆☆☆☆	☆☆☆☆☆
	方案设计	根据活动要求，合理设计活动教案	☆☆☆☆☆	☆☆☆☆☆
	模拟试讲	根据教案和幼儿年龄特点，合理展示试讲演练	☆☆☆☆☆	☆☆☆☆☆
	团队协作	成员配合默契，活动效果好	☆☆☆☆☆	☆☆☆☆☆

10

单元二   国内外经典动画片音乐赏析

模块一   国内动画片《大耳朵图图》音乐赏析

任务一   学习《大耳朵图图》歌词赏析

一、学习目标

☑ 欣赏动画片主题曲《快乐小孩》，能够熟记歌词并演唱歌曲。

☑ 体验歌词欣赏活动，探索歌词展现的胡图图人物性格特点。

☑ 能够以小组形式，完成以《大耳朵图图》第一季主题曲为素材的幼儿音乐活动。

二、观摩体验

（一）观摩视频

1-4   扫码欣赏歌曲《快乐小孩》

1-4   任务一知识点扫码自主学习

1. 课前观看动画片《大耳朵图图》第一季。

2. 扫码观看动画片主题曲《快乐小孩》音乐片段，欣赏歌曲、歌词并练习演唱歌曲，回答以下问题。

引导问题：

（1）请简短地介绍《大耳朵图图》动画片内容。

（2）请分享在《快乐小孩》歌词中，让你印象深刻的几句，并说明原因。

（二）体验学习

结合活动素材，在教师的带领下，欣赏动画片《大耳朵图图》第一季主题曲《快乐小孩》，赏析歌词，探索和挖掘歌词中展现的胡图图人物性格特点。

1. 欣赏歌曲，感受歌词

（1）歌曲中的主人公是谁？

（2）结合以下《快乐小孩》歌词，说一说你认为他是怎样的小孩？

快 乐 小 孩

圆圆的脑袋大大耳朵，笨手又笨脚跑步像陀螺。

一动小脑筋总是出错，想要做好事但总闯祸。

爸爸说我是个，是个机灵鬼。

妈妈摇头叫我，叫我淘气包。

图图，我是爸爸妈妈心爱的小孩。

图图，这世界有了我欢乐少不了。

图图，我的小肚皮圆圆鼓鼓，

里面装满了冰激凌蛋糕。

老师你可知道乖小孩的苦恼，我最爱在阳光下蹦蹦跳跳。

图图，我是爸爸妈妈心爱的小孩。

图图，这世界有了我欢乐少不了。

图图，图图，

图图，我刚买的巧克力呢？

2. 探索歌词，挖掘人物性格

胡图图在《娃娃跳跳跳》电视节目中被评为"最佳快乐宝宝"称号，节目一经播出，胡图图童真、善良、欢乐的性情受到了很多电视机前大朋友、小朋友们的喜欢。现电视台要对获得称号的小朋友再次进行节目报道，于是派出了记者来到胡图图所住小区——翻斗花园对他的身边人进行采访，收集节目素材。

活动1：采访——将学生分为4组，每组选出2人为记者，其余人为胡图图身边人（身份自定，可以是父母、邻居、小伙伴、商店阿姨、老师等），记者自行设置问题，围绕"胡图图是怎样的小朋友"进行采访，并记录信息。

活动2：节目播放——结合歌词，小组将采访的信息整理成1分钟播报内容，并填入表单。组内选出1人扮演节目主持人，进行胡图图小朋友人物介绍的播报。一组进行，其他组为电视观众，每组轮流进行。

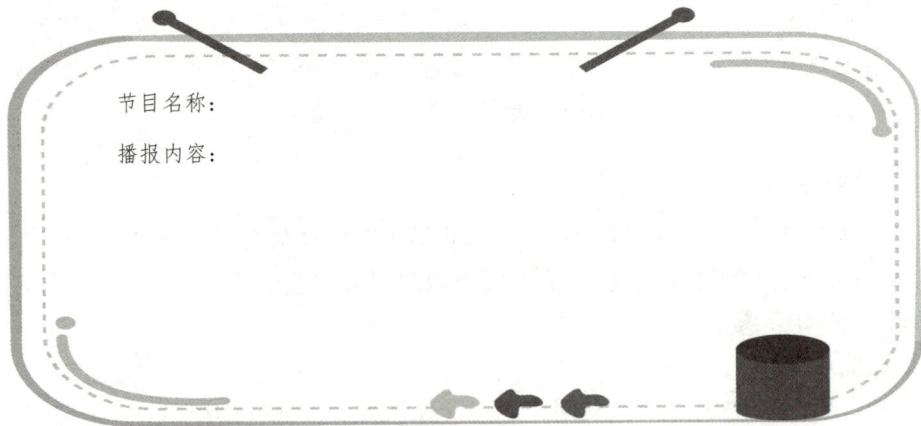

节目名称：

播报内容：

三、模拟演练

结合学习支持的内容，完成以下内容。

1. 小组讨论

学生以小组为单位，将以上歌词赏析活动进行创编，设计一节幼儿音乐教学活动，自由确定适用班型，并完成以下工作表单。

要求	① 分小组讨论 ② 讨论时间不超过 20 分钟	
准备	班型：□小班□中班□大班 素材： 物料：	
活动 内容		模拟试讲后修改：

2. 实操演练

组内选出一位引导者（如有需要也可选出助教），邀请另一组学生以参与者（幼儿）的身份模拟幼儿园真实情境，实施幼儿音乐活动。一组展示，其他组进行观察，每组轮流进行。

> ➤ Q1：在幼儿园中，如果幼儿扮演记者身份时不知道如何提问，你会怎么做？

> ➤ Q2：你会如何帮助幼儿记忆歌词呢？

四、反思

Q	你还知道动画片《大耳朵图图》中的哪些主题曲呢？请分享。

A

任务二　学习《大耳朵图图》歌表演

一、学习目标

☑ 欣赏动画片主题曲《问题小孩》，能从多角度赏析歌曲。
☑ 能够结合歌词进行幼儿舞蹈创编。
☑ 能够以小组形式，完成以《大耳朵图图》第二季主题曲为素材的幼儿音乐活动。

二、观摩体验

（一）观摩视频

1-5　扫码欣赏歌曲《问题小孩》

1-5　任务二知识点扫码自主学习

1. 课前观看动画片《大耳朵图图》第二季。
2. 扫码观看动画片主题曲《问题小孩》音乐片段，欣赏歌曲、歌词并练习演唱歌曲，回答以下问题。

引导问题：
（1）请从旋律、节奏、歌词、结构等方面赏析儿歌《问题小孩》，分析它受小朋友们喜爱的原因。
（2）请分享听《快乐小孩》歌曲时，你是怎样的心情？

（二）体验学习

结合活动素材，在教师的带领下，欣赏动画片《大耳朵图图》第二季主题曲《问题小孩》，感受歌词，创编幼儿舞蹈。

1. 欣赏歌曲，感受歌词

请将你喜欢或者印象深刻的歌词唱出来，并说明原因。

> #### 问 题 小 孩
>
> （说）我是一个爱动脑筋的小孩哦！爸爸妈妈，准备好了吗？
> （唱）我是图图小淘气，面对世界很好奇，我有问题数不清，咕叽咕叽冒不停。
> 爸爸妈妈别偷懒，快快陪我做游戏，答对问题亲一下，这就是我的奖励。
> 北风呼呼从哪来，它又呜呜上哪去，星星冷得眨眼睛，为啥它不穿棉衣？
> 夜晚到底有多黑，梦里太阳哪里来，世界到底有多大，天空外面有什么？我一切都好奇。
> （唱）我是图图小淘气，面对世界很好奇，我有问题数不清，咕叽咕叽冒不停。
> 为什么小孩要听话，为什么爸爸爱妈妈，为什么看见冰激凌，就让人口水流不停？
> 牛奶果汁放冰箱，为什么变得凉又冰，我把美梦放冰箱，长大再拿行不行？
> 什么动物跑得快，什么花儿向阳开，什么喜欢蹦蹦跳，什么它会咕咕叫？

> 爸爸（说唱）：猎豹猎豹跑得快。
>
> 妈妈（说唱）：向日葵花向阳开。
>
> 爸爸（说唱）：兔子青蛙蹦蹦跳。
>
> 爸爸（说唱）：嘿嘿。
>
> 爸爸妈妈（说唱）：图图的肚子——
>
> 全家（说唱）：图图的肚子咕咕咕咕叫不停。

2. 体验游戏活动——你来比我来猜

游戏规则：学生分四组，每组选 2 人比划，其余人猜。每组随机分配 10 句《问题小孩》歌词，限时 4 分钟。比划者只能用肢体语言的形式向猜词者传达信息，不得说出任何字。猜词者猜不出可以喊 pass，但只能喊 3 次。最终猜中歌词最多组获胜。

3. 创编舞蹈动作，进行歌表演

以小组为单位，结合现有舞蹈视频及游戏环节的肢体动作，进行创编、改编，编排完整的《问题小孩》舞蹈。

小组轮流进行歌表演展示，投票选出全场最佳表演。

▲ 1-5 《问题小孩》
舞蹈律动视频

三、模拟演练

结合学习支持的内容，完成以下内容。

1. 小组讨论

学生以小组为单位，将以上歌表演活动进行创编，设计一节幼儿音乐教学活动，自由确定适用班型，并完成以下工作表单。

要求	① 分小组讨论 ② 讨论时间不超过 20 分钟	
准备	班型：□小班□中班□大班 素材： 物料：	
活动内容		模拟试讲后修改：

2. 实操演练

组内选出一位引导者（如有需要也可选出助教），邀请另一组学生以参与者（幼儿）的身份模拟幼儿园真实情境，实施幼儿音乐活动。一组展示，其他组进行观察，每组轮流进行。

> Q1：在幼儿园中，如果有幼儿总是记不住舞蹈动作，你会怎么做？

> Q2：请分享，你本次设计的导入环节有哪些作用？

> Q3：请思考，学前儿童韵律活动的教育内容有哪些？完成本领域附录工作表单。

学前儿童韵律活动的教育内容主要有律动、舞蹈，以及其他节奏活动单方面。请将教育内容与对应的类型进行正确连线。

四、反思

> Q　　请思考，如何将《大耳朵图图》动画片内容延伸到幼儿园区角？

> A

任务三　探索幼儿音乐活动《大耳朵图图》

一、学习目标

☑ 体验幼儿音乐欣赏活动《大耳朵图图》，总结组织方法及流程。
☑ 在活动体验中，能够进行歌词仿编。
☑ 能够以小组形式创编与实施幼儿音乐活动《大耳朵图图》。

二、观摩体验

1. 扫码观看知识点内容
2. 导入——肢体游戏

1-6　任务三知识点扫码自主学习

游戏名称	游 戏 规 则
餐具变奏曲	学生听教师口令做动作。当教师喊"筷子"时，学生要两两并排站好，左手在外边的就向上伸左手，右手在外边的就向上伸右手；当教师喊"勺子"时，两名学生面对面、手拉手围成圆圈，圈外再有一名学生向两边伸直双臂，其中一只手抓着另外两名学生的手组成"少"字形。当教师喊"小碗"时，三名学生手拉围成圆圈；当教师喊"大碗"时，五名学生手拉手围成圆圈。待学生熟悉玩法后，教师还可以喊出交替的口令，比如"小碗、筷子"或者"勺子、大碗"。当教师喊"开饭了"，则包括以上所有餐具，学生自由组合成"筷子""勺子""小碗""大碗"。在教师喊口令前，可先让学生自由表现吃饭的样子。在组合各种餐具时，落单的学生就成了吃饭的人。

3. 欣赏《问题小孩》歌曲，进行歌词仿编

《问题小孩》的歌词活泼有趣，天马行空，采用大量问题式句子，贴合学龄前幼儿日常生活，吸引幼儿兴趣；通篇采用排比句式，让歌曲朗朗上口，容易记忆。

（1）学生以小组为单位，进行组内自由讨论，在素材中的三段歌词中，至少选择一段进行《问题小孩》歌词仿编。（可参考任务一中内容）

（2）每组分享仿编后的歌词，并填写在工作表单中。

（3）请将仿编后的歌词写在以下空白处。

4. 歌曲表演

（1）每组根据仿编歌词，结合任务二内容，创编新版《问题小孩》歌曲表演。

（2）小组轮流进行歌表演展示，投票选出全场最佳表演。

《问题小孩》歌词段落

段落一：

北风呼呼从哪来，它又呜呜上哪去，星星冷得眨眼睛，为啥它不穿棉衣？

夜晚到底有多黑，梦里太阳哪里来，世界到底有多大，天空外面有什么？我一切都好奇。

段落二：

为什么小孩要听话，为什么爸爸爱妈妈，为什么看见冰激凌，就让人口水流不停？

牛奶果汁放冰箱，为什么变得凉又冰，我把美梦放冰箱，长大再拿行不行？

段落三：

什么动物跑得快，什么花儿向阳开，什么喜欢蹦蹦跳，什么它会咕咕叫？

爸爸（说唱）：猎豹猎豹跑得快

妈妈（说唱）：向日葵花向阳开

爸爸（说唱）：兔子青蛙蹦蹦跳

爸爸（说唱）：嘿嘿

爸爸妈妈（说唱）：图图的肚子——

全家（说唱）：图图的肚子咕咕咕咕叫不停

三、模拟演练

1. 小组讨论

学生以小组为单位，将上文音乐欣赏活动创编成适合带领幼儿进行的音乐教学活动，自由确定适用班型，并完成以下工作表单。

活动名称		
活动目标		
活动重难点		
活动准备		
活动过程	导入环节： 主题活动环节： 结束环节： 延伸活动：	模拟试讲后修改：
活动延伸		

2. 模拟展示

组内选出一位引导者（如有需要，也选出助教），邀请另一组学生以参与者（幼儿）的身份，模拟幼儿园真实情境，实施幼儿音乐活动。一组展示，其他组进行观察，每组轮流进行。

> ➤ Q: 在活动设计与实施中觉得哪一个步骤是最困难的？你是如何解决的？

四、反思

Q　你还知道哪些动画片的主题曲适合开展幼儿音乐活动？请分享。

A

请你根据教学进度对本模块的每个任务依次进行评价。

评价任务	评价内容	评价标准	自评	互评
模块一任务一 学习《大耳朵图图》歌词赏析	歌词记忆力	欣赏歌曲，能够熟记歌词并演唱歌曲	☆☆☆☆☆	☆☆☆☆☆
	歌词探索力	能够探索歌词中展现的人物性格特点	☆☆☆☆☆	☆☆☆☆☆
	方案设计	根据活动要求，合理设计活动教案	☆☆☆☆☆	☆☆☆☆☆
	模拟试讲	根据教案和幼儿年龄特点，合理展示试讲演练	☆☆☆☆☆	☆☆☆☆☆
	团队协作	成员配合默契，活动效果好	☆☆☆☆☆	☆☆☆☆☆
模块一任务二 学习《大耳朵图图》歌表演	歌词赏析力	能够从多角度赏析歌曲	☆☆☆☆☆	☆☆☆☆☆
	舞蹈创编力	能够结合歌词进行幼儿舞蹈创编	☆☆☆☆☆	☆☆☆☆☆
	方案设计	根据活动要求，合理设计活动教案	☆☆☆☆☆	☆☆☆☆☆
	模拟试讲	根据教案和幼儿年龄特点，合理展示试讲演练	☆☆☆☆☆	☆☆☆☆☆
	团队协作	成员配合默契，活动效果好	☆☆☆☆☆	☆☆☆☆☆
模块一任务三 探索幼儿音乐活动《大耳朵图图》	活动总结力	能够积极体验教学活动，并总结组织方法及流程	☆☆☆☆☆	☆☆☆☆☆
	歌词仿编力	能够创造性地进行歌词仿编	☆☆☆☆☆	☆☆☆☆☆
	方案设计	根据活动要求，合理设计活动教案	☆☆☆☆☆	☆☆☆☆☆
	模拟试讲	根据教案和幼儿年龄特点，合理展示试讲演练	☆☆☆☆☆	☆☆☆☆☆
	团队协作	成员配合默契，活动效果好	☆☆☆☆☆	☆☆☆☆☆

单元三　国外经典动画电影音乐赏析

模块一　动画电影《狮子王》音乐赏析

任务一　学习《狮子王》角色探索

一、学习目标

☑ 欣赏 *Hakuna Matata*，了解歌曲在影片中的作用。

☑ 感受歌曲 *Hakuna Matata*，探索丁满、彭彭的角色特点。

☑ 能够以小组形式，完成以电影《狮子王》歌曲为素材的幼儿音乐活动。

二、观摩体验

（一）观摩视频

 1-7　扫码观看《狮子王》片段 1-7　任务一知识点扫码自主学习	1. 课前观看音乐动画电影《狮子王》。 2. 扫码观看音乐动画电影《狮子王》片段，欣赏片段情节及音乐 *Hakuna Matata*，回答以下问题。 引导问题： （1）说一说音乐动画电影《狮子王》的故事情节及其展现的主题精神。 （2）在 *Hakuna Matata* 音乐片段中，有哪些让你印象深刻的歌词和片段？请说明原因。

（二）体验学习

结合活动素材，在教师的带领下，欣赏音乐动画电影《狮子王》中的音乐 *Hakuna Matata*，感受歌曲表达的情绪情感，探索人物性格特点。

1. 欣赏音乐片段，感受歌曲在影片中的作用

（1）阅读文字，判断正误。在（　　）中画"×"或"√"。

① 轻松诙谐的歌曲完美地诠释出剧情中描绘的惬意自在的丛林生活。（　　）

② 歌曲与影片情节平行发展，不时介入叙事，同时解决了辛巴逐渐长大的时空转场问题。（　　）

③ 歌曲道出了丁满和彭彭无忧无虑的处世哲学对辛巴产生的巨大影响。（　　）

（2）简要分享歌曲表现的故事情节。

（此处为空白答题框）

2. 再次欣赏歌曲，探索角色

在危难之时，辛巴得到了两个好心的朋友——猫鼬丁满和非洲野猪彭彭的救助。丁满和彭彭劝告辛巴对待生活要无忧无虑，人生不如意十之八九，得把过去抛之脑后，不要担心过去和未来，只要奉行为今天而活的处世哲学。

（1）结合音乐片段，以小组为单位，分析丁满和彭彭的性格特点，并大胆想象他们是经历了哪些事情形成现在的性格特点，简写在以下表格中。

角色	性格特点	过往事迹
丁满		
彭彭		

（2）以小组为单位，以单人或多人合作的方式，将彭彭和丁满的过往事迹用肢体造型以连续多幅的形式表现出来。一组展示，其他小组观察，每组轮流进行。

Hakuna Matata 由丁满、彭彭扮演者演唱。"Hakuna Matata"是狮子王的故事主创人之一在 1991 年游历肯尼亚时听到的一句斯瓦希里俗语，意为无忧无虑。随着《狮子王》影片在全球的风靡，这句非洲俚语也在全球流行开来，成了当时不少人的口头禅。

三、模拟演练

结合教师带领的活动，完成以下内容。

1. 小组讨论

学生以小组为单位，创编角色探索活动（也可以自行选择《狮子王》电影中其他音乐作为素材），设计一节以《狮子王》歌曲为音乐素材展开的教学活动，自由确定适用班型，并完成以下工作表单。

要求	① 分小组讨论 ② 讨论时间不超过 20 分钟	
准备	班型：□小班□中班□大班 素材： 物料：	
活动内容		模拟试讲后修改：

2. 实操演练

组内选出一位引导者（如有需要也可选出助教），邀请另一组学生以参与者（幼儿）的身份模拟幼儿园真实情境，实施创编的幼儿活动。一组展示，其他组进行观察，每组轮流进行。

> Q1：你认为在幼儿园教学活动中可以用哪些教学方法进行人物形象探索？

> Q2：在幼儿园进行的这次活动中，你认为应该注意些什么问题呢？

四、反思

Q　　你认为以音乐动画电影《狮子王》配乐为素材，可以进行哪些幼儿游戏呢？请举例说明。

A

任务二　创设《狮子王》服装道具

一、学习目标

☑ 体验以歌曲 *Hakuna Matata* 为音乐素材展开的教学活动，能够设计制作出服装道具。
☑ 掌握幼儿园制作玩教具的设计原则。
☑ 能够以小组形式，完成以电影《狮子王》歌曲为素材的幼儿教学活动。

二、观摩体验

1. 扫码观看知识点内容
2. 导入——肢体游戏

1-8　任务二知识点扫码自主学习

游戏名称	游戏规则
走走停	学生在教室的一定空间内，自由无方向地走起来，随着教师拍手节奏的快慢调整走动速度，期间教师说出《狮子王》影片中的角色或角色的状态，如辛巴、看见木法沙做狮子王的刀疤、被伙伴们嫌弃的彭彭、即将被丁满吃掉的长条虫子等。学生立即用肢体动作做出相应的定格造型。

3. 欣赏 *Hakuna Matata* 音乐片段，展开想象

音乐片段中展示了丁满和彭彭陪着辛巴在丛林生活并长大的场景。请思考，辛巴还会遇到哪些新朋友呢？他们是什么动物？有怎样的性格特征呢？以小组为单位，展开想象与讨论，并填写工作表单。

角色名称	动物种类	形象特点	性 格 特 点

4. 感知音乐，设计服装道具

欣赏音乐片段，思考如果将辛巴的新朋友们呈现在舞台上，你会为他们设计哪些服装道具？结合辛巴的新朋友的形象特点、性格特点，收集和制作这些服装道具，包括可采用物品二次改造、绘画涂鸦、手工剪纸等方式。

5. 分享道具元素

以小组为单位，每组选派一名代表，分享本组设计与制作的服装和道具。

三、模拟演练

结合学习支持的内容，完成以下内容。

1. 小组讨论

学生以小组为单位，将上文由歌曲 *Hakuna Matata* 展开的道具制作活动创编成适合带领幼儿进行的教学活动（也可以自行选择《狮子王》电影中其他音乐作为素材），自由确定适用班型，并完成以下工作表单。

要求	① 分小组讨论 ② 讨论时间不超过 30 分钟	
准备	班型：□小班□中班□大班 素材： 物料：	
活动内容		说课后修改：

2. 实操演练

组内选出一位学生，进行幼儿教学活动的说课。一组展示，其他组倾听和观察，每组轮流进行。

> Q1：请说一说各年龄班幼儿美术能力的发展与教学目标。

> Q2：请说一说在组织幼儿手工制作活动时要注意些什么。

> Q3：你认为以下哪些设计原则是在幼儿园自制玩教具时需要遵守的？涂上你喜欢的颜色。

符合幼儿年龄特点	充分吸引幼儿兴趣	注重玩教具的操作性和实用性
体现经济环保原则	注重幼儿的参与性和互动性	必须符合安全卫生的要求

四、反思

Q　　歌曲 *Hakuna Matata* 并不是《狮子王》电影中最有影响力的音乐，请你想一想为什么会用这首歌展开幼儿音乐教学活动呢？

A

任务三　设计《狮子王》音乐短剧

一、学习目标

☑ 感知音乐 *Hakuna Matata*，延展创作电影情节。

☑ 能够以小组形式创作《狮子王》音乐短剧。

☑ 能够以小组形式完成电影《狮子王》歌曲为素材的幼儿音乐短剧。

二、观摩体验

1. 扫码观看知识点内容

2. 导入——想象力游戏

1-9　任务三知识点扫码自主学习

游戏名称	游 戏 规 则
教具的悄悄话	师生围坐在一起。教师从教室内挑选出常用的教具，可以是白板、翻页笔、计算机等，然后让学生想象大家都离开了教室，这些教具会说些什么呢？他们之间会发生什么故事呢？比如教师可以说："我在收拾东西准备离开教室的时候，听见有个教具在哭泣，他说大家每次把他关上的时候都很大力，自己非常痛，说着哭得更厉害了。"

3. 感知音乐，延展电影情节，设计音乐短剧

影片用歌曲 *Hakuna Matata* 解决了辛巴逐渐长大的时空转场问题，同时，辛巴在丛林长大的生活并没有展开叙述，形成了时间和空间上的留白。

如果你是编剧要续写这段留白，会体现出辛巴、丁满、彭彭在丛林生活中怎样的生活？他们遇到了哪些人？这些人和他们是什么关系？又有哪些新的故事和挑战呢？以小组为单位，展开想象与讨论，设计一幕音乐短剧。

请结合任务一、任务二中的内容，将情节简写在以下空白处。

4. 制作道具，多次排练

结合任务二中的服装道具，根据组内创作的情节继续制作必要的舞台装置，可采用物品二次改造、绘画涂鸦、手工剪纸等方式。

以小组为单位，结合音乐，进行多次排练。

5. 音乐短剧展示

小组展示短剧，投票选出第一名。

三、模拟演练

结合学习支持的内容，完成以下内容。

1. 小组讨论

学生以小组为单位，将上文音乐短剧活动创编成适合带领幼儿进行的音乐短剧教学活动，自由确定适用班型，并完成以下工作表单。

要求	① 分小组讨论 ② 讨论时间不超过 30 分钟	
准备	班型：□小班 □中班 □大班 素材： 物料：	
活动 内容		说课后修改：

2. 实操演练

组内选出一位学生，进行幼儿音乐短剧教学活动的说课。一组展示，其他组倾听和观察，每组轮流进行。

> ➤ Q1：你认为在幼儿园中组织幼儿音乐短剧排演的教学方式有哪些？

> ➤ Q2：你认为幼儿园小班适合开展什么形式的音乐短剧？

四、反思

| Q | 请说一说，你认为完成一部幼儿音乐短剧需要具备哪些能力？ |

A

请你根据教学进度对本模块的每个任务依次进行评价。

评价任务	评价内容	评 价 标 准	自 评	互 评
模块一 任务一 学习《狮子王》角色探索	歌曲赏析力	欣赏歌曲，能够了解歌曲在影片中的作用	☆ ☆ ☆ ☆ ☆	☆ ☆ ☆ ☆ ☆
	角色探索力	能够探索歌曲中的人物角色特点	☆ ☆ ☆ ☆ ☆	☆ ☆ ☆ ☆ ☆
	方案设计	根据活动要求，合理设计活动教案	☆ ☆ ☆ ☆ ☆	☆ ☆ ☆ ☆ ☆
	模拟试讲	根据教案和幼儿年龄特点，合理展示试讲演练	☆ ☆ ☆ ☆ ☆	☆ ☆ ☆ ☆ ☆
	团队协作	成员配合默契，活动效果好	☆ ☆ ☆ ☆ ☆	☆ ☆ ☆ ☆ ☆
模块一 任务二 创设《狮子王》服装道具	道具制作力	能够设计制作出活动要求的服装道具	☆ ☆ ☆ ☆ ☆	☆ ☆ ☆ ☆ ☆
	理论知识掌握性	能够掌握幼儿园制作玩教具的设计原则	☆ ☆ ☆ ☆ ☆	☆ ☆ ☆ ☆ ☆
	方案设计	根据活动要求，合理设计活动教案	☆ ☆ ☆ ☆ ☆	☆ ☆ ☆ ☆ ☆
	模拟试讲	根据教案和幼儿年龄特点，合理展示试讲演练	☆ ☆ ☆ ☆ ☆	☆ ☆ ☆ ☆ ☆
	团队协作	成员配合默契，活动效果好	☆ ☆ ☆ ☆ ☆	☆ ☆ ☆ ☆ ☆
模块一 任务三 设计《狮子王》音乐短剧	情节创编力	能够感知音乐，延展创作电影情节	☆ ☆ ☆ ☆ ☆	☆ ☆ ☆ ☆ ☆
	短剧导演力	能够以小组形式创作《狮子王》音乐短剧	☆ ☆ ☆ ☆ ☆	☆ ☆ ☆ ☆ ☆
	方案设计	根据活动要求，合理设计活动教案	☆ ☆ ☆ ☆ ☆	☆ ☆ ☆ ☆ ☆
	模拟试讲	根据教案和幼儿年龄特点，合理展示试讲演练	☆ ☆ ☆ ☆ ☆	☆ ☆ ☆ ☆ ☆
	团队协作	成员配合默契，活动效果好	☆ ☆ ☆ ☆ ☆	☆ ☆ ☆ ☆ ☆

工作领域二

儿童综合音乐活动的组织与设计

单元一　儿童童谣音乐活动的组织设计与创编

模块一　学习儿童童谣活动的组织与设计

任务一　掌握童谣的分析方法

一、学习目标

☑ 掌握童谣的分析方法。
☑ 运用童谣分析方法于各类型童谣中。
☑ 体验童谣格律和韵脚中的乐趣。

二、观摩体验

（一）观摩视频

2-1　扫码观看童谣《睡觉》

2-1　任务一知识点扫码自主学习

扫码观看童谣《睡觉》视频，思考并回答下列问题。
引导问题：
你观察到念诵童谣《睡觉》有哪些特点？尝试从节拍节奏、速度力度、音色音域三方面进行回答。

（二）体验学习

结合活动素材，在教师的带领下分析童谣《踢毽》，并体验童谣格律和韵脚中的乐趣。

（1）游戏导入：以"踢毽子"（道具：毽子若干）游戏导入，引出童谣《踢毽》。

（2）小组讨论：结合童谣文字内容，有感情地念诵童谣《踢毽》。

（3）小组展示：小组依次进行童谣《踢毽》念诵展示。其他组仔细观察，并评价展示组念诵的特点。

（4）教师总结：总结各小组的念诵特色。分析童谣《踢毽》中的音乐元素（节拍节奏、速度力度、音色音域）。带领各小组结合音乐元素念诵童谣《踢毽》。

（5）小组练习：结合音乐元素念诵童谣《踢毽》。

（6）教师总结：总结念诵童谣《踢毽》的注意事项。

踢　毽

欢快玩耍地

一个 毽儿 踢 两半儿，打 花果儿 绕花 线儿，红头 绳 扎 小辫，

以 踢 带 拐，八 仙 过 海，九 十 九，一 百。

三、模拟演练

1. 小组讨论

小组根据体验学习环节掌握的知识与技能，从音乐元素（节拍节奏、速度力度、音色音域）方面分析童谣《手指谣》，并体验童谣格律和韵脚中的乐趣，为进行实操演练做准备。

2. 实操演练

在小组内模拟演练念诵童谣《手指谣》，教师对每组进行指导。

手　指　谣

活泼的急口令

mf　　　　　　mp

一 根 手 指 头，一 根 手 指 头，变 成 变 成 变 成 变 成 小 牛 牛。

两 根 手 指 头，两 根 手 指 头，变 成 变 成 变 成 变 成 小 兔 兔。

三 根 手 指 头，三 根 手 指 头，变 成 变 成 变 成 变 成 孔 雀 舞。

四 根 手 指 头，四 根 手 指 头，变 成 变 成 变 成 变 成 螃 蟹 走。

五 根 手 指 头，五 根 手 指 头，变 成 变 成 变 成 变 成 招 招 手。

六 根 手 指 头，六 根 手 指 头，变 成 变 成 变 成 变 成 打 电 话。

> Q1：你认为分析童谣还可以加入哪些要素？

> Q2：结合《3~6岁儿童学习与发展指南》，你认为念诵童谣对幼儿有哪些方面的帮助？

四、反思

> **Q** 踢毽起源于我国汉代时期，至今已有两千多年历史，是中国民间体育活动之一。你还了解哪些中国民间体育活动呢？

> **A**

任务二 掌握设计组织童谣活动的方法

一、学习目标

> ☑ 掌握设计组织儿童童谣活动的方法。
> ☑ 运用设计组织儿童童谣活动的方法于各类型童谣中。
> ☑ 感受童谣之美，表现童谣之美，创造童谣之美。

二、观摩体验

（一）观摩视频

2-2 扫码观看童谣《数鸭子》

2-2 任务二知识点扫码自主学习

扫码观看童谣《数鸭子》视频，并回答下列问题。
引导问题：
在儿童童谣活动《数鸭子》中教师与儿童是如何互动的？

（二）体验学习

结合活动素材，在教师的带领下设计组织童谣活动《折纸船》，并感受童谣之美，表现童谣之美，创造童谣之美。

（1）游戏导入：以"折纸船"（道具：彩色纸、剪刀、胶水）游戏导入，引出童谣《折纸船》。

（2）小组讨论：分析童谣《折纸船》中的音乐元素（节拍节奏、速度力度、音色音域），为儿童设计一堂童谣活动《折纸船》。

（3）小组展示：小组依次进行儿童童谣活动《折纸船》展示。其他组仔细观察，运用《评课记录表》（详见本领域尾页附录工作表单2）评价展示组童谣活动的优点与不足。

（4）教师总结：总结各小组童谣活动设计与组织特色。分析儿童童谣活动设计环节（导入、讲解、示范、练习、延伸）。

（5）小组练习：再次为儿童设计一堂童谣活动《折纸船》，并完成本领域尾页附录工作表单1的《教案设计表》。

（6）教师总结：总结儿童童谣活动设计与组织的注意事项。

折　纸　船

悠然自得地

折 纸 船，　　折 纸 船，　　折 只 纸 船 进 水 湾，

放 上 几 粒 红 豆 豆，　飘 到 岸 边 卸 下 船。

三、模拟演练

大鼓与小鼓

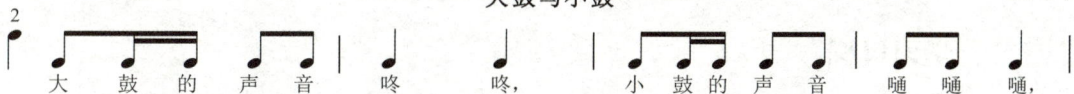

大 鼓 的 声 音 咚 咚，　小 鼓 的 声 音 嗵 嗵 嗵，

大 鼓 的 声 音 小 鼓 的 声 音 咚 咚，　嗵 嗵 嗵。

1. 小组讨论

小组根据儿童童谣活动的设计组织方法，设计童谣活动《大鼓与小鼓》的活动教案，并为实操演练做准备。

2. 实操演练

小组依次进行模拟组织童谣活动《大鼓与小鼓》，并介绍本组活动设计的创意与特色。教师对每组进行点评和指导。

➤ Q1：你认为设计与组织儿童童谣活动最重要的是什么？	➤ Q2：你认为一堂成功的儿童童谣活动应该是怎样的？

四、反思

> Q　折纸是我国的一种传统艺术，开展折纸活动能够培养儿童爱动脑、爱动手、不怕困难的精神，你能够通过折纸做出哪些艺术作品呢？

A

模块二　训练儿童童谣活动的创编方法

任务一　掌握单人形式童谣活动的创编方法

一、学习目标

☑ 掌握单人形式的儿童童谣活动的创编方法。

☑ 运用单人形式的儿童童谣活动的创编方法于各类型童谣中。

☑ 具备设计单人形式的儿童童谣活动的创新意识，具备一定的生活性和艺术性。

二、观摩体验

（一）观摩视频

2-3　扫码观看童谣《哈巴狗》

2-3　任务一知识点扫码自主学习

扫码观看童谣《哈巴狗》视频，并回答下列问题。

引导问题：

单人童谣《哈巴狗》有哪些表现形式？

（二）体验学习

结合活动素材，在教师的带领下设计组织单人形式的儿童童谣活动《秋天到》，课程设计需具备一定的生活性和艺术性。

（1）视频导入：观看动画《秋天到了》，引出童谣《秋天到》。

（2）小组讨论：分析童谣中的生活特点和艺术特点。讨论如何运用单人形式表现童谣活动《秋天到》。

（3）小组展示：小组依次进行单人形式的儿童童谣活动《秋天到》展示。其他组仔细观察，并评价展示组童谣活动的优点与不足。

（4）教师总结：总结各小组单人形式的儿童童谣活动《秋天到》的特点。

（5）小组练习：为儿童设计一堂单人形式的儿童童谣活动《秋天到》，并完成本领域尾页附录工作表单1的《教案设计表》。

（6）小组展示：小组依次进行单人形式的儿童童谣活动《秋天到》展示。其他组仔细观察，运用《评课记录表》（详见本领域尾页附录工作表单2）评价展示组童谣活动的优点与不足。

（7）教师总结：总结单人形式的儿童童谣活动设计与组织的注意事项。

> **秋天到** [1]
>
> 我们迎接秋天到，秋天到，秋天到；
> 树叶开始变黄了，变黄了，变黄了；
> 片片树叶往下掉，往下掉，往下掉；
> 我们把落叶都扫掉，秋天来到了。

三、模拟演练

1. 小组讨论

小组根据单人形式的儿童童谣活动的设计组织方法，设计童谣活动《收成好》的活动教案，并为实操演练做准备。

> **收成好**
>
> 农民伯伯，清早起床；
> 扛起锄头，去农场；
> 收获粮食，堆满粮仓；
> 今年收成，真是好。

2. 实操演练

小组依次进行模拟组织童谣活动《收成好》，并介绍本组活动设计的创意与特色。教师对每组进行点评和指导。

----

[1] 沙莎. 大班幼儿音乐节奏感培养的行动研究——基于语言与音乐领域整合的视角 [D]. 重庆：西南大学，2016.

> **Q1**：你认为在童谣活动组织过程中应从哪些方面达成活动目标？

> **Q2**：在童谣活动组织过程中如果有幼儿没有跟上活动节奏，你会怎么做？

四、反思

| Q | "粮食增产，农民增收"，你的家乡有哪些特色的农作物呢？ |

A

任务二　掌握多声部童谣活动的创编方法

一、学习目标

☑ 掌握多声部儿童童谣活动的创编方法。
☑ 运用多声部儿童童谣活动的创编方法于各类型童谣中。
☑ 具备设计多声部儿童童谣活动的创新意识，具备一定的游戏性和趣味性。

二、观摩体验

（一）观摩视频

2-4　扫码观看童谣《睡觉》

2-4　任务二知识点扫码自主学习

扫码观看童谣《睡觉》视频，并回答下列问题。
引导问题：
多人童谣《睡觉》有哪些表现形式？

（二）体验学习

结合活动素材，在教师的带领下设计组织实践多声部儿童童谣活动《四牌楼底下卖估衣》，体验活动中多声部之间的合作，以锻炼儿童的专注力，提高其艺术表现力。

（1）活动导入：教师组织学生分组，合作展现儿歌《小星星》片段，感受多声部魅力。（注：教师可查找网络资源《小星星》儿歌合唱活动，自由设计）

（2）小组讨论：讨论在童谣《四牌楼底下卖估衣》中可以运用哪些多声部活动形式。

（3）教师引导多声部活动：带领学生念诵《四牌楼底下卖估衣》，并写出节奏型。学生分组若干，确定第一声部，念诵童谣；加入第二声部，声势；加入第三声部，无音高乐器；加入第四声部，无音高长节奏型拟声词；加入第五声部，重复性短节奏型童谣节选词……

（4）小组活动：设计组织多声部童谣《四牌楼底下卖估衣》。

四牌楼底下卖估衣

四牌楼东，四牌楼西；四牌楼底下卖估衣；

四牌楼西，四牌楼东；四牌楼底下卖花生；

四牌楼南，四牌楼北；四牌楼底下卖凉水；

四牌楼北，四牌楼南；四牌楼底下卖大盐。

（5）小组展示：小组依次进行多声部童谣《四牌楼底下卖估衣》展示。其他组仔细观察，并评价展示组童谣活动中的优点与不足。

（6）教师总结：总结各小组多声部童谣《四牌楼底下卖估衣》的特点。

（7）小组练习：为儿童设计一堂多声部童谣活动《四牌楼底下卖估衣》，并完成教案（详见本领域尾页附录工作表单1《教案设计表》）。

（8）小组展示：小组依次进行多声部儿童童谣活动《四牌楼底下卖估衣》展示。其他组仔细观察，运用《评课记录表》（见本领域尾页附录工作表单2）评价展示组童谣活动的优点与不足。

（9）教师总结：总结多声部儿童童谣活动设计与组织的注意事项。

三、模拟演练

1. 小组讨论

小组根据多声部儿童童谣的设计组织方法，为大班幼儿设计童谣活动《收成好》的活动教案（详见本领域尾页附录工作表单1《教案设计表》），并为实操演练做准备。

2. 实操演练

小组依次进行模拟组童谣活动《收成好》，并介绍本组活动设计中的创意与特色。教师对每组进行点评和指导。

> ### 收成好
>
> 农民伯伯，清早起床；
> 扛起锄头，去农场；
> 收获粮食，堆满粮仓；
> 今年收成，真是好。

> ➤ **Q1：**你认为多声部儿童童谣组织方法是否可以在小班幼儿和中班幼儿中运用？为什么？

> ➤ **Q2：**你认为多声部儿童童谣可以促进幼儿哪些方面的发展？

四、反思

Q　　《四牌楼底下卖估衣》是北京童谣，属于中国国家级非物质文化遗产，你还了解我国有哪些非物质文化遗产呢？

A

请你根据教学进度对本单元的每个任务依次进行评价。

评价任务	评价内容	评 价 标 准	自 评	互 评
模块一 任务一　掌握童谣的分析方法	童谣分析方法	掌握童谣分析方法，并能够运用于各类型童谣中	☆☆☆☆☆	☆☆☆☆☆
	方案设计	根据活动要求，合理设计展示方案	☆☆☆☆☆	☆☆☆☆☆
	团队协作	成员配合默契，活动效果好	☆☆☆☆☆	☆☆☆☆☆
模块一 任务二　掌握设计组织童谣活动的方法	设计组织儿童童谣活动	掌握设计组织儿童童谣活动的方法，并能够撰写教案、模拟试讲	☆☆☆☆☆	☆☆☆☆☆
	方案设计	根据活动要求，合理设计展示方案	☆☆☆☆☆	☆☆☆☆☆
	团队协作	成员配合默契，活动效果好	☆☆☆☆☆	☆☆☆☆☆
模块二 任务一　掌握单人形式童谣活动的创编方法	单人形式儿童童谣活动	掌握单人形式的儿童童谣活动的创编方法，并能应用于各类型童谣中	☆☆☆☆☆	☆☆☆☆☆
	方案设计	根据活动要求，合理设计展示方案	☆☆☆☆☆	☆☆☆☆☆
	团队协作	成员配合默契，活动效果好	☆☆☆☆☆	☆☆☆☆☆
模块二 任务二　掌握多声部童谣活动的创编方法	多声部儿童童谣活动	掌握多声部儿童童谣活动的创编方法，并能应用于各类型童谣中	☆☆☆☆☆	☆☆☆☆☆
	方案设计	根据活动要求，合理设计展示方案	☆☆☆☆☆	☆☆☆☆☆
	团队协作	成员配合默契，活动效果好	☆☆☆☆☆	☆☆☆☆☆

单元二　儿童儿歌音乐活动的组织设计与创编

模块一　学习儿歌音乐活动的组织与设计

任务一　掌握儿歌的分析方法

一、学习目标

☑ 掌握儿歌的分析方法。
☑ 运用儿歌分析方法于各类型儿歌中。
☑ 体验儿歌中的声韵和谐及童真童趣。

二、观摩体验

（一）观摩视频

2-5　扫码观看儿歌《丢手绢》

2-5　任务一知识点扫码自主学习

扫码观看儿歌《丢手绢》视频，并回答下列问题。
引导问题：
儿歌《丢手绢》属于什么类别的儿歌？

（二）体验学习

结合活动素材，在教师的带领下分析儿歌《数鸭子》，并体验儿歌中的声韵和谐及童真童趣。

（1）视频导入：观看儿歌动画视频《数鸭子》，引出儿歌《数鸭子》。

（2）小组讨论：结合儿歌的歌词与曲调内容，有感情地歌唱儿歌《数鸭子》。

（3）小组展示：小组依次进行儿歌《数鸭子》歌唱展示。其他组仔细观察，并评价展示组歌唱的优点与不足。

（4）教师总结：总结各小组的歌唱特色。带领学生分析儿歌《数鸭子》中的歌词（主题、句式、韵脚、修辞）与曲调（调式调性、节拍节奏、音高时值、速度力度、乐段乐句、音乐表情与呼吸）。

（5）小组练习：结合歌词与曲调分析情况，歌唱儿歌《数鸭子》。

（6）教师总结：总结分析歌唱儿歌《数鸭子》的注意事项。

数 鸭 子

1 = C 4/4

中速 活泼地

王嘉祯 词
胡小环 曲

```
X  X  X X X  | X X X X  0 | X X X X X X |
(白)门 前 大桥 下，    游过 一群 鸭，  快来 快来 数一 数，
```

```
X X X X  0  ‖:(11 55 36 53 | 21 23 1  0) |
二 四 六 七 八。
```

```
3 1  3 3 1  | 3 3 5 6 5  0 | 6 6 6 5 4 4 4 |
门 前 大 桥 下，   游 过 一 群 鸭，   快 来 快 来 数 一 数，
赶 鸭 老 爷 爷，   胡 子 白 花 花，   唱 呀 唱 着 家 乡 戏，
```

```
2 3 2 1 2  0  | 3  1 0 3  1 0 | 3 3 5 6 6  0 |
二 四 六 七 八。    咕 嘎 咕 嘎    真 呀 真 多 呀，
还 会 说 笑 话。    小 孩 小 孩    快 快 上 学 校，
```

```
1  5 5 6  3 | 2 1  2 3 5  - | 1  5 5 6  3 |
数 不 清 到 底 多 少 鸭，   数 不 清 到 底
别 考 个 鸭 蛋 抱 回 家，   别 考 个 鸭 蛋
```

```
2 1  2 3 1  -  :‖ X  X  X X  X | X X X X X  0 |
多 少 鸭。      (白)门 前 大桥 下，  游过 一群 鸭，
抱 回 家。
```

```
X X X X X X  X | X  X  X X  X 0 ‖
快来 快来 数一 数，  二 四 六 七 八。
```

三、模拟演练

1. 小组讨论

各小组根据体验学习环节掌握的知识与技能，从歌词（主题、句式、韵脚、修辞）与曲调（调式调性、节拍节奏、音高时值、速度力度、乐段乐句、音乐表情与呼吸）方面分析儿歌《小鸭嘎嘎》，并体验儿歌中的声韵和谐及童真童趣，为实操演练做准备。

2. 实操演练

在小组内进行模拟演练，分析并歌唱儿歌《小鸭嘎嘎》，教师对每组进行指导。

小鸭嘎嘎

王致铨 词
张 烈 曲

中速 天真地

> Q1：你认为分析儿歌还可以加入哪些要素？

> Q2：结合《3~6岁儿童学习与发展指南》，你认为学习儿歌对幼儿有哪些方面的促进与提高？

四、反思

> **Q** 数学能够体现理性精神，促进人类思维的发展。《数鸭子》通过儿歌的形式对儿童开展数学启蒙活动。除了儿歌的形式外，你还可以通过哪些方式对儿童开展数学启蒙呢？

A

任务二　掌握设计组织儿童儿歌活动的方法

一、学习目标

☑ 掌握设计组织儿童儿歌活动的方法。
☑ 运用设计组织儿童儿歌活动的方法于各类型儿歌中。
☑ 感受儿歌之美，表现儿歌之美，创造儿歌之美。

二、观摩体验

（一）观摩视频

2-6　扫码观看儿歌《小星星》

2-6　任务二知识点扫码自主学习

扫码观看儿歌《小星星》视频，并回答下列问题。
引导问题：
在儿歌活动《小星星》中教师与儿童是如何互动的？

（二）体验学习

结合活动素材，在教师的带领下设计组织儿歌活动《堆雪人》，并感受儿歌之美，表现儿歌之美，创造儿歌之美。

（1）视频导入：观看动画视频《雪孩子》，引出童谣《堆雪人》。

（2）小组讨论：分析儿歌《堆雪人》中的歌词（主题、句式、韵脚、修辞）与曲调（调式调性、节拍节奏、音高时值、速度力度、乐段乐句、音乐表情与呼吸）。为儿童设计一堂儿歌活动《堆雪人》。

（3）小组展示：小组依次进行儿童儿歌活动《堆雪人》展示。其他组仔细观察，运用《评课记录表》（详见本领域尾页附录工作表单2）评价展示组儿歌活动的优点与不足。

（4）教师总结：总结各小组儿歌活动设计与组织特色。分析儿童儿歌活动设计环节（导入、讲解、示范、练习、延伸）。

（5）小组练习：再次为儿童设计一堂儿歌活动《堆雪人》，并完成本领域尾页附录工作表单1的《教案设计表》。

（6）教师总结：总结儿童儿歌活动设计与组织的注意事项。

堆雪人

熊芳琳　词
韩德常　曲

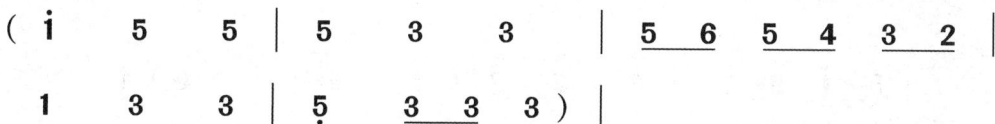

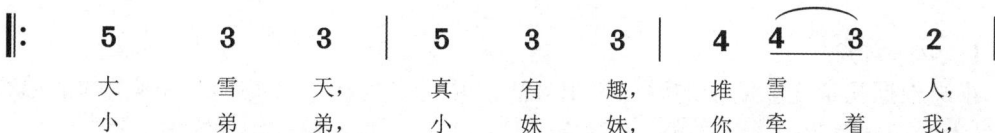

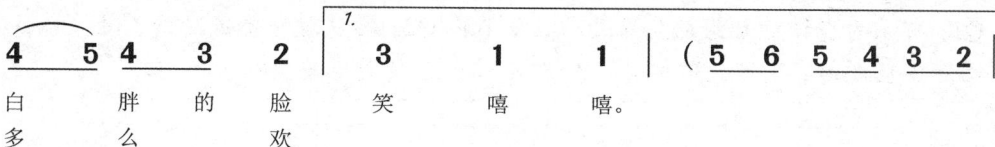

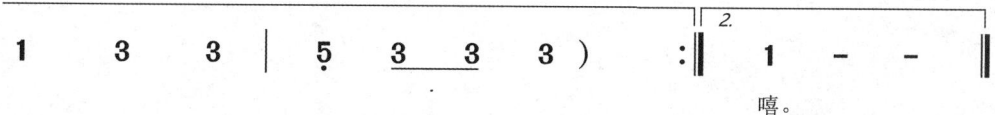

三、模拟演练

国旗红红的哩

陈镒康　词
李嘉评　曲

1 = C 2/4

```
5  5  3  4 | 5·   1 | 6  6  0  6 | 5    0 |
国 旗 国    旗         红 红  的 哩，

4  4  2  3 | 4·   6 | 4  4  0  3 | 2    0 |
五 颗 金    星         黄 黄  的 哩，

5  5  3  4 | 5·   1 | 7  7  0  7 | 6    0 |
升 在 天    空         高 高  的 哩，

5  i  5  1 | 3·   5 | 2  2  0  2 | 1    0 |
我 们 心    中         甜 甜  的 哩，

i  i  7    | 6   -  | 7  7  6    | 5   -  |
哩 哩 哩    啦，        啦 啦  啦 哩，

5  i  5  1 | 3   2·  2 | 1 (5 | i  0) ‖
我 们 心    中         甜 甜  的 哩！
```

1. 小组讨论

小组根据儿童儿歌活动的设计组织方法，并完成儿歌《国旗红红的哩》的活动教案（详见本领域尾页附录工作表单1《教案设计表》），并为实操演练做准备。

2. 实操演练

小组依次进行模拟组织儿歌活动《国旗红红的哩》，并介绍本组活动设计的创意与特色。教师对每组进行点评和指导。

> Q1：你认为在设计与组织儿童儿歌活动时，应如何实现"儿歌之美"？

> Q2：你认为一堂成功的儿童儿歌活动应该是怎样的？

四、反思

> **Q**　《国旗红红的哩》以儿歌的形式培养儿童的爱国主义情感，你还了解哪些关于热爱祖国的歌曲呢？

A

模块二　训练儿童儿歌活动的创编方法

任务一　掌握单一形式的儿童儿歌活动的创编方法

一、学习目标

☑ 掌握单一形式的儿童儿歌活动的创编方法。

☑ 运用单一形式的儿童儿歌活动的创编方法于各类型儿歌中。

☑ 具备设计单一形式的儿童儿歌活动的创新意识，具备歌唱性和生动性。

二、观摩体验

（一）观摩视频

2-7　扫码观看儿歌《哈巴狗》

2-7　任务一知识点扫码自主学习

观看视频儿歌《哈巴狗》，并回答下列问题。

引导问题：

儿歌《哈巴狗》中有哪些表现形式？

（二）体验学习

结合活动素材，在教师的带领下设计组织单一形式的儿童儿歌活动《摇篮曲》，课程设计需具备一定的歌唱性和生动性。

（1）视频导入：观看视频《摇篮曲》，引出儿歌《摇篮曲》。

（2）小组讨论：分析儿歌中的歌词和曲调特点。

（3）教师总结：总结儿歌《摇篮曲》的歌词和曲调特点。

（4）小组讨论：讨论如何设计组织单一形式的儿歌活动《摇篮曲》。

（5）小组展示：小组依次进行模拟儿歌活动《摇篮曲》展示。其他组仔细观察，运用《评课记录表》（见本领域尾页附录工作表单2）评价展示组儿歌活动的优点与不足。

（6）教师总结：总结各小组儿歌活动《摇篮曲》的情况。

（7）小组练习：再次为儿童设计一堂儿歌活动《摇篮曲》，完成本领域尾页附录工作表单1《教案设计表》。

（8）教师总结：总结单一形式的儿童儿歌活动设计与组织的注意事项。

摇 篮 曲

三、模拟演练

摇篮曲（东北民歌）

1=F 2/4

慢而轻唱

郑建春　填词编曲

（歌谱）

1. 月儿明 风儿静，树叶儿遮窗棂 啊，蛐蛐儿 叫铮铮，好比那琴弦儿 声 啊，琴声儿轻，调儿动 听，摇篮轻摆 动 啊，娘的宝宝 闭上眼 睛，睡了那个睡在梦 中 啊。 嗯

2. 夜空里 卫星飞，唱着那《东方红》 啊，小宝宝 睡梦中，飞上了太空 啊，骑上那个月儿，跨上那个星，宇宙任飞 行 啊，娘的宝宝 立下大 志，去攀那个科学高 峰 啊。

3. 报时钟 响叮咚，夜深人儿静 啊，小宝宝 快长大，为祖国立大功 啊，月儿那个明，风儿那个静，摇篮轻摆 动 啊，娘的宝宝 睡在梦 中，微微地露了笑 容 啊。

渐慢

1. 小组讨论

小组根据单一形式儿童儿歌活动的设计组织方法，并完成儿歌活动《摇篮曲》（东北民歌）的活动教案（详见本领域尾页附录工作表单1《教案设计表》）。

2. 实操演练

小组依次进行模拟组织儿歌活动《摇篮曲》，并介绍本组活动设计的创意与特色。教师对每组进行点评和指导。

> **Q1**：你认为在儿歌活动中可以用哪些 方式引起幼儿的兴趣或注意？

> **Q2**：在儿歌活动中如何实现以儿童为 主体？

四、反思

Q　　通过学习东北民歌《摇篮曲》了解民族文化，通过学习民族文化传承民族 精神，你还了解东北地区哪些民族文化艺术呢？

A

任务二　掌握混合形式儿童儿歌活动的创编方法

一、学习目标

☑ 掌握混合形式儿童儿歌活动的创编方法。
☑ 运用混合形式儿童儿歌活动的创编方法于各类型儿歌中。
☑ 具备设计混合形式儿童儿歌活动的创新意识，具备一定的游戏性和趣味性。

二、观摩体验

（一）观摩视频

2-8　扫码观看儿歌《两只小象》

2-8　任务二知识点扫码自主学习

扫码观看儿歌《两只小象》视频，并回答下列问题。
引导问题：
混合形式的儿歌《两只小象》有哪些表现形式？

（二）体验学习

结合活动素材，在教师的带领下设计组织实践混合形式儿童儿歌活动《比尾巴》，体验活动中多种表现形式的融合，激发创造力，提高艺术表现力。

（1）视频导入：观看视频《动物园》，引出儿歌《比尾巴》。

（2）小组讨论：分析儿歌《比尾巴》的歌词和曲调特点。讨论可以运用哪些表现形式。

（3）教师引导儿歌活动：按照儿歌音乐节奏，带领学生念诵《比尾巴》歌词。念诵歌词，加入无音高乐器伴奏，加入动物形象动作。运用柯达伊手势歌唱《比尾巴》旋律。通过多媒体设备、钢琴等学唱《比尾巴》。歌唱儿歌，加入无音高乐器伴奏，加入动物形象动作。分组，运用轮唱、对唱、齐唱、领唱等形式。……

（4）小组活动：设计组织混合形式儿歌《比尾巴》。

（5）小组展示：小组依次进行混合形式儿歌《比尾巴》展示。其他组仔细观察，并评价展示组儿歌活动的优点与不足。

（6）教师总结：总结各小组混合形式儿歌《比尾巴》的特点。

（7）小组练习：为儿童设计一堂混合形式儿歌活动《比尾巴》，完成《教案设计表》（详见本领域尾页附录工作表单1）。

（8）小组展示：小组依次进行混合形式儿歌活动《比尾巴》展示。其他组仔细观察，运用《评课记录表》（详见本领域尾页附录工作表单2）评价展示组儿歌活动的优点与不足。

（9）教师总结：总结混合形式儿童儿歌活动设计与组织的注意事项。

比　尾　巴

1 = C　2/4

程宏明　词
周勤耀　曲

有趣地

三、模拟演练

娃哈哈

1=F 2/4

维吾尔族民歌
石夫记谱编词

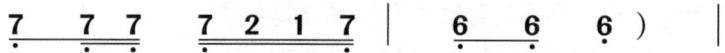

1.我 们 的 祖 国 是 花 园，
2.大 姐姐 你 呀 赶 快 来，

花 园 里 花 朵 真 鲜 艳，
小 弟弟 你 也 莫 躲 开，

和 暖 的 阳 光 照 耀 着 我 们
手 拉 着 手 呀 唱 起 那 歌 儿

每 个 人 脸 上 都 笑 开 颜，
我 们 的 生 活 多 愉 快，

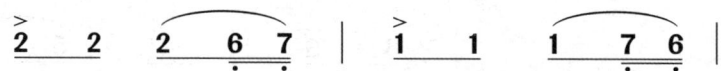

娃 哈 哈！ 娃 哈 哈！
娃 哈 哈！ 娃 哈 哈！

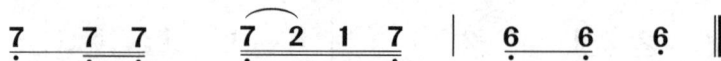

每 个 人 脸 上 都 笑 开 颜。
我 们 的 生 活 多 愉 快。

1. **小组讨论**

小组根据混合形式儿童儿歌活动的设计组织方法，为大班幼儿设计儿歌《娃哈哈》的活动教案（详见本领域尾页附录工作表单1《教案设计表》），并为实操演练做准备。

2. **实操演练**

小组依次进行模拟组织儿歌活动《娃哈哈》，并介绍本组活动设计的创意与特色。教师对每组进行点评和指导。

> ➤ **Q1**: 在组织设计儿歌《娃哈哈》时如何体现其民族特色？

> ➤ **Q2**: 你认为混合形式儿童儿歌可以促进幼儿哪些方面的发展？

四、反思

Q　　通过学习维吾尔族民歌《娃哈哈》了解少数民族文化，弘扬和培育少数民族团结统一、爱好和平的民族精神，你还了解哪些少数民族的文化艺术呢？

A

请你根据教学进度对本单元的每个任务依次进行评价。

评价任务	评价内容	评价标准	自 评	互 评
模块一 任务一　掌握儿歌的分析方法	儿歌分析方法	掌握儿歌分析方法，并能够运用于各类型儿歌中	☆☆☆☆☆	☆☆☆☆☆
	方案设计	根据活动要求，合理设计展示方案	☆☆☆☆☆	☆☆☆☆☆
	团队协作	成员配合默契，活动效果好	☆☆☆☆☆	☆☆☆☆☆
模块一 任务二　掌握设计组织儿童儿歌活动的方法	设计组织儿童儿歌活动	掌握设计组织儿童儿歌活动方法，并能够撰写教案、模拟试讲	☆☆☆☆☆	☆☆☆☆☆
	方案设计	根据活动要求，合理设计展示方案	☆☆☆☆☆	☆☆☆☆☆
	团队协作	成员配合默契，活动效果好	☆☆☆☆☆	☆☆☆☆☆
模块二 任务一　掌握单一形式的儿童儿歌活动的创编方法	单一形式儿童儿歌活动	掌握单一形式儿童儿歌活动的创编方法，并能应用于各类型童谣中	☆☆☆☆☆	☆☆☆☆☆
	方案设计	根据活动要求，合理设计展示方案	☆☆☆☆☆	☆☆☆☆☆
	团队协作	成员配合默契，活动效果好	☆☆☆☆☆	☆☆☆☆☆
模块二 任务二　掌握混合形式儿童儿歌活动的创编方法	混合形式儿童儿歌活动	掌握混合形式儿童儿歌活动的创编方法，并能应用于各类型童谣中	☆☆☆☆☆	☆☆☆☆☆
	方案设计	根据活动要求，合理设计展示方案	☆☆☆☆☆	☆☆☆☆☆
	团队协作	成员配合默契，活动效果好	☆☆☆☆☆	☆☆☆☆☆

单元三　乐器演奏在音乐活动中的应用

模块一　探索乐器演奏的应用手段

任务一　探索无音高乐器的演奏方式

一、学习目标

☑ 掌握无音高乐器的演奏方法、音色特点及编配原则。
☑ 运用合适的无音高乐器，为童谣、儿歌等题材伴奏。
☑ 体验不同无音高乐器的演奏乐趣。

二、观摩体验

（一）观摩视频

2-9　扫码观看视频《两只小象》

2-9　任务一知识点扫码自主学习

扫码观看视频《两只小象》，并回答下列问题。
引导问题：
视频《两只小象》中有哪些你认识的乐器？它们是如何演奏的？

（二）体验学习

结合活动素材，在教师的带领下学习无音高乐器的演奏方法、音色特点及编配原则，并体验不同无音高乐器的演奏乐趣。

（1）游戏导入：以"有趣的身体乐器"游戏导入，引出无音高乐器。

（2）教师引导：示范童谣《敲响它》，找出乐器，并演奏乐器。

（3）小组讨论：为乐器分类（皮革类、木质类、散响类、金属类），演奏乐器。

> **敲响它** [1]
>
> 手鼓在哪？手鼓在哪？
> 它在这，它在这。
> 我们一起拍手，我们一起拍手，
> 敲响它，敲响它。

---

[1]　蔡霞.奥尔夫音乐教育[M].上海：上海交通大学出版社,2020.

（4）小组展示：将童谣《敲响它》中"手鼓"替换为其他乐器名称，演奏乐器。

（5）教师总结：总结无音高乐器分类、音色特点及编配原则。

三、模拟演练

大灰狼和小红帽

从前有一个美丽可爱的小姑娘（乐器选择与演奏），她有一个慈祥善良却年迈的外婆（乐器选择与演奏）。一次，外婆送给小姑娘一顶丝绒做的小红帽，戴在她的头上正好合适，于是大家便叫她"小红帽"。

一天，妈妈让小红帽给生病的外婆带去一块蛋糕和一瓶葡萄酒，并嘱咐她在路上注意安全，不要贪玩。于是，小红帽蹦蹦跳跳地出发了（乐器选择与演奏），不一会儿，走到了森林里，她看到明媚的阳光和美丽的鲜花（乐器选择与演奏），便想摘一束鲜花送给外婆，让外婆高兴高兴。就在这时（乐器选择与演奏），一只大灰狼悄悄（乐器选择与演奏）出现在小红帽的身后，想要吃掉小红帽，它猛地朝小红帽扑了上去（乐器选择与演奏），只听一声枪响（乐器选择与演奏），原来是猎人发现了大灰狼，并打跑了大灰狼，小红帽吓了一跳，对猎人叔叔表示感谢，并把鲜花送给了猎人叔叔。受到惊吓的小红帽，看着天快黑了，想快点到外婆家，于是加快了步伐（乐器选择与演奏）。

终于到外婆家了，小红帽松了一口气，敲了敲门（乐器选择与演奏），外婆慢慢地走到门前（乐器选择与演奏），给小红帽打开了门。见到小红帽的外婆很高兴，吃了小红帽带的东西，并开心地和小红帽聊天（对话形式乐器演奏），外婆的精神好了许多，小红帽也可以放心地回家了。

1. 小组讨论

小组根据故事情节，选择合适的乐器与节奏进行演奏，并注意演奏的速度与力度，体验演奏不同无音高乐器的乐趣，为实操演练做准备。

2. 实操演练

每个小组为故事《大灰狼和小红帽》配乐，教师对每组进行指导。

> Q1：请举例说明无音高乐器还有哪些演奏技法？

> Q2：你认为无音高乐器可以应用在哪些儿童活动中？

四、反思

> Q   儿童故事属于儿童文学的一部分，儿童故事中有仁爱、善良、智慧等主题，你还了解哪些优秀的儿童故事呢？请为你熟悉的儿童故事配乐吧！

> A

任务二   探索有音高乐器的演奏方式

一、学习目标

☑ 掌握有音高乐器的演奏方法、音色特点及编配原则。
☑ 运用合适的有音高乐器，进行乐器合奏。
☑ 体验不同有音高乐器的演奏乐趣。

二、观摩体验

（一）观摩视频

2-10   扫码观看视频《小星星》

2-10   任务二知识点扫码自主学习

扫码观看视频《小星星》，并回答下列问题。
引导问题：
视频《小星星》中有几个声部？每个声部是运用什么乐器演奏的？

（二）体验学习

结合活动素材，在教师的带领下学习有音高乐器的演奏方法、音色特点及编配原则，并体验不同无音高乐器的演奏乐趣。

（1）故事导入：以故事《音乐中的清晨》导入，引出有音高乐器。

（2）教师引导：尝试用乐器演奏《世上只有妈妈好》，感受不同乐器的音色特点。

（3）小组练习：演奏《世上只有妈妈好》，通过音色确定乐器名称（高、中、低，钟琴、钢片琴、木琴）。

（4）教师讲解：讲解波尔动的演奏方法。

（5）小组活动：选择合适的有音高乐器，加入波尔动伴奏演奏《世上只有妈妈好》。

（6）小组展示：小组依次展示加入波尔动伴奏的《世上只有妈妈好》，其他小组观看并点评。

（7）教师总结：总结各小组演奏情况。总结有音高乐器分类、音色特点及编配原则。

音乐中的清晨

　　一天早晨，闹钟把还在睡梦中的小红叫醒（木琴演奏闹钟声），小红又迷糊了一会，猛地惊醒，发现要迟到了。她背起书包匆匆忙忙地跑向学校（木琴演奏快速的脚步），心想今天一定要准时到学校，连身边下起了小雨都没有发现（木琴演奏雨声），伴随着小雨，风也呼呼地刮了起来（钢片琴刮奏演奏风声）……

　　忽然，闹钟声又响了起来（木琴演奏闹钟声），小红睁开眼睛，噢，原来是个梦呀（钟琴演奏梦的背景），今天还在放假呢！

世上只有妈妈好
（电影《妈妈再爱我一次》主题歌）

三、模拟演练

1. 小组讨论

各小组选择合适的有音高乐器演奏《世上只有妈妈好》，要求有 3~4 个声部，其中一个声部为主旋律声部，至少一个声部为波尔动声部，注意不同声部速度与力度的配合、不同声部节奏的掌握、不同乐器间音色的融合。体验演奏不同有音高乐器的乐趣，为实操演练做准备。

2. 实操演练

各小组运用有音高乐器演奏《世上只有妈妈好》，教师对每组进行指导。

> Q1：有音高乐器还可以模仿哪些生活中的声音呢？

> Q2：你认为有音高乐器可以应用在哪些儿童活动中？

四、反思

Q　　儿歌《世上只有妈妈好》表达了孩子对母亲真挚的爱，家国情怀始于生活点滴，你还了解哪些表达爱的歌曲呢？

A

模块二　应用乐器的音乐活动

任务一　童谣音乐活动中乐器的运用

一、学习目标

☑ 掌握乐器在童谣活动中的使用方法与创编技巧。
☑ 运用合适的乐器，为童谣配乐。
☑ 体验声部和谐，感受演奏乐趣。

二、观摩体验

（一）观摩视频

2-11　扫码观看视频《小小月饼往上端》

2-11　任务一知识点扫码自主学习

扫码观看视频《小小月饼往上端》，并回答下列问题。

引导问题：

视频《小小月饼往上端》中运用了哪些乐器为童谣配乐？

（二）体验学习

结合活动素材，在教师的带领下学习乐器在童谣活动中的使用方法与创编技巧，并体验声部和谐，感受演奏乐趣。

（1）童谣导入：教师运用响板为童谣《五指歌》配乐，引出童谣中的乐器运用。

（2）教师讲解：第一，分析童谣内容与节奏特点，选择合适的乐器。第二，根据童谣节拍与节奏型创编前奏和尾奏。第三，童谣中节奏填充声部。第四，童谣中的固定长音声部。第五，童谣中的加花声部。

（3）小组练习：选择合适的乐器，为童谣《做游戏》配乐。

（4）小组展示：小组依次展示童谣《做游戏》，其他小组观看并点评。

（5）教师总结：总结各小组展示情况，总结乐器配乐方法与技巧。

> **五 指 歌**
>
> 一二三四五，上山打老虎，
> 老虎打不着，打到小松鼠。
> 松鼠有几个？让我数一数，
> 一二三四五。

做 游 戏 [1]

海州童谣

小朋友们笑咪咪，手拉手来做游戏。

你扮小鸭子，我装小公鸡。

嘎嘎嘎，唧唧唧，唱歌跳舞多欢喜。

三、模拟演练

1. 小组讨论

各小组选择合适的乐器，为童谣《找圆》配乐，要求有 2～3 个声部，其中一个声部为节奏填充声部，一个声部为固定长音声部，并运用至少一种乐器为童谣编配合适的前奏和尾奏。注意不同声部之间的配合、不同乐器之间音色的融合。感受演奏的乐趣，为实操演练做准备。

> **找 圆**
>
> 金苏华
>
> 你找圆，我找圆，大家一起来找圆；
> 正月十五月亮圆，甜甜汤团圆又圆；
> 天圆圆，地圆圆，家圆圆，国圆圆；
> 人与人，圆圆圆，和谐家园多团圆。

---

[1] 杨慧. 地方童谣在小学音乐教学中的运用与反思——以海州童谣为例 [J]. 小学教学参考，2011，（24）：82.

2. 实操演练

各小组运用乐器为童谣《找圆》配乐，教师对每组进行指导。

> Q1：你认为大班、中班、小班儿童分别可以选择哪些乐器为童谣配乐呢？

> Q2：在儿童童谣活动中，如何引导儿童正确并富有节奏感地演奏乐器？

四、反思

Q　　童谣《找圆》介绍了元宵节的民间习俗，弘扬了中国民俗文化，你还了解哪些介绍中国传统节日的童谣呢？

A

任务二　儿歌音乐活动中乐器的运用

一、学习目标

☑ 掌握乐器在儿歌活动中的使用方法与创编技巧。

☑ 运用合适的乐器，为儿歌配乐。

☑ 体验人声与乐器声部的和谐，感受演奏乐趣。

二、观摩体验

（一）观摩视频

2-12　扫码观看视频《两只老虎》

2-12　任务二知识点扫码自主学习

扫码观看视频《两只老虎》，并回答下列问题。

引导问题：

视频《两只老虎》中有几个乐器声部为儿歌配乐？

（二）体验学习

结合活动素材，在教师的带领下学习乐器在儿歌活动中的使用方法与创编技巧，并体验人声与乐器声部的和谐，感受演奏乐趣。

（1）童谣导入：教师运用沙锤为儿歌《粉刷匠》配乐，引出儿歌中的乐器运用。

（2）教师讲解：第一，分析儿歌内容与情绪特点（抒情、欢快等），选择合适的乐器。第二，根据儿歌旋律与情绪特点，创编前奏和尾奏。第三，儿歌中低音支持声部。第四，儿歌中的有音高乐器演奏声部。第五，儿歌中的无音高乐器演奏声部。第六，儿歌中的加花声部。

（3）小组练习：选择合适的乐器，为儿歌《小白船》配乐。

（4）小组展示：小组依次展示儿歌《小白船》，其他小组观看并点评。

（5）教师总结：总结各小组展示情况，总结乐器配乐方法与技巧。

粉 刷 匠

波兰歌　　曲
佳其洛夫斯卡　词
列申斯卡　　曲
曹永声　　译配

1=G 2/4 中速

我是一个粉刷匠，粉刷本领强，我要把那新房子，刷得很漂亮。刷了房顶又刷墙，刷子飞舞忙，哎呀我的小鼻子，变呀变了样。

小 白 船

朝鲜童谣

尹克荣 词曲

1=♭E 3/4

中速 优美地

```
5 - 6 | 5 - 3 | 5  3 2 1 | 5̇ - - |
1.蓝   蓝的 天   空    银     河  里,
2.渡   过那 条   银     河  水,

6̣ - 1 | 2 - 5 | 3 - - | 3 - - |
 有  只 小  白  船,
 走  向 云  彩  国,

5 - 6 | 5 - 3 | 5  3 2 1 | 5̇ - - |
 船  上 有  棵 桂    花  树,
 走  过 那  个 云    彩  国,

6̣ - 1 | 5̇ - 2 | 1 - - | 1 - - |
 白  兔 在  游  玩。
 再  向 哪  儿  去?

3 - 3 | 3 - 2 | 3 - 6 | 5 - - |
 桨  儿 桨  儿 看   不  见,
 在  那 遥  远的 地    方,

1 - 1 | 1 - 7̣ | 6̣ - 1 | 7̣ - - |

3 - 2 | 3 - 6 | 5 - - | 5 - - |
 船  上 也  没 帆,
 闪  着 金  光,

1 - 7̣ | 6̣ - 1 | 7̣ - - | 7̣ - - |

1̇ - - | 5 - 5 | 3 - 5 | 6 - - |
 飘   呀 飘   呀
 晨   星 是 灯  塔,

3 - - | 7̣ - 7̣ | 6̣ - 7̣ | 1 - - |

5  3 1 | 5̇ - 2 | 1 - - | 1 - - |
 飘   向 西  天。
 照   呀 照  得  亮。

1̇  5̣ 6̣ | 5̇ - 7̣ | 1 - - | 1 - - |
```

三、模拟演练

彝家娃娃真幸福

$1 = {}^\flat E$　$\frac{2}{4}$　　　　　　　　　　　黄有异　词曲

1. 小组讨论

各小组选择合适的乐器，为儿歌《彝家娃娃真幸福》配乐，要求有 4~5 个声部，其中一个声部为低音支持声部，另一个声部为有音高乐器声部，两个声部为无音高乐器声部，并运用至少一种乐器为儿歌配合适的前奏和尾奏。注意不同声部之间的配合、乐器与人声之间的融合。感受演奏的乐趣，为实操演练做准备。

2. 实操演练

各小组运用乐器为儿歌《彝家娃娃真幸福》配乐，教师对每组进行指导。

> Q1：在音乐活动中，你会如何引导儿童为儿歌配乐呢？

> Q2：在音乐活动中，如果有儿童随意演奏乐器，你会怎样处理？

四、反思

Q 《彝家娃娃真幸福》介绍了彝族风土人情，你还了解我国哪些少数民族的歌曲呢？

A

任务三　绘本音乐活动中乐器的运用

一、学习目标

☑ 掌握乐器在绘本活动中的使用方法与创编技巧。
☑ 运用合适的乐器，为绘本配乐。
☑ 体验生动的绘本故事，感受演奏乐趣。

二、观摩体验

（一）观摩视频

2-13　扫码观看视频《彩虹色的花》

2-13　任务三知识点扫码自主学习

扫码观看视频《彩虹色的花》，并回答下列问题。
引导问题：
视频《彩虹色的花》中运用了哪些乐器为绘本配乐？

（二）体验学习

结合活动素材，在教师的带领下学习乐器在绘本活动中的创编与应用技巧，并体验生动的绘本故事，感受演奏乐趣。

（1）绘本故事导入：教师讲述《猜猜我有多爱你》绘本故事。

（2）教师讲解：分析绘本角色，如"大兔子""小兔子"。分析绘本角色情绪，如"快乐""悲伤"等。分析绘本情境，如"草地""夜晚""风声"等。分析绘本内容，如"跨过小河""翻过山丘"等。为绘本角色、角色情绪、绘本情景、绘本内容选择合适的乐器。

（3）小组练习：分析绘本，并选择合适的乐器。设计合适的旋律或节奏为绘本《猜猜我有多爱你》配乐。

（4）小组展示：小组依次展示绘本配乐《猜猜我有多爱你》，其他小组观看并点评。

（5）教师总结：总结各小组展示情况，总结绘本中乐器配乐方法与技巧。

▲ 绘本故事《猜猜我有多爱你》

三、模拟演练

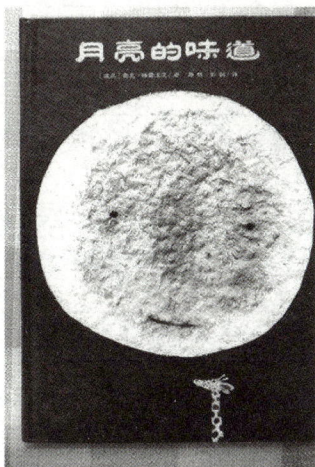

▲ 绘本《月亮的味道》

1. 小组讨论

各小组选择合适的乐器，设计合适的旋律或节奏为绘本《月亮的味道》配乐，要求有无音高乐器和有音高乐器配合，演绎生动的绘本故事，感受演奏的乐趣，为实操演练做准备。

2. 实操演练

各小组运用乐器为绘本《月亮的味道》配乐，教师对每组进行指导。

> Q1：如何在绘本故事中挖掘音乐元素？

> Q2：乐器可以演奏哪些生活与环境中的声音呢？

四、反思

Q 　《猜猜我有多爱你》讲述了一个关于"爱"的故事，绘本故事可以表达爱、传递爱，你还了解哪些关于"爱"的绘本呢？

A

请你根据教学进度对本单元的每个任务依次进行评价。

评价任务	评价内容	评价标准	自　评	互　评
模块二 任务一　童谣音乐活动中乐器的运用	童谣活动的乐器应用	掌握乐器在童谣活动中的使用方法与创编技巧	☆☆☆☆☆	☆☆☆☆☆
	方案设计	根据活动要求，合理设计展示方案	☆☆☆☆☆	☆☆☆☆☆
	团队协作	成员配合默契，活动效果好	☆☆☆☆☆	☆☆☆☆☆
模块二 任务二　儿歌音乐活动中乐器的运用	儿歌活动的乐器应用	掌握乐器在儿歌活动中的使用方法与创编技巧	☆☆☆☆☆	☆☆☆☆☆
	方案设计	根据活动要求，合理设计展示方案	☆☆☆☆☆	☆☆☆☆☆
	团队协作	成员配合默契，活动效果好	☆☆☆☆☆	☆☆☆☆☆
模块二 任务三　绘本音乐活动中乐器的运用	绘本活动的乐器应用	掌握乐器在绘本活动中的使用方法与创编技巧	☆☆☆☆☆	☆☆☆☆☆
	方案设计	根据活动要求，合理设计展示方案	☆☆☆☆☆	☆☆☆☆☆
	团队协作	成员配合默契，活动效果好	☆☆☆☆☆	☆☆☆☆☆

附　录

工作表单 1：

教案设计表

活动名称		
活动目标	素质目标	
	知识目标	
	技能目标	
活动重难点	活动重点	
	活动难点	
活动准备	儿童经验准备	
	教师道具准备	
	导入	
	讲解	
	示范	
	练习	
	延伸	

工作表单 1：

| 姓名_____ |
| 组号_____ |
| 综合评分_____ |

教案设计表

活动名称		
活动目标	素质目标	
	知识目标	
	技能目标	
活动重难点	活动重点	
	活动难点	
活动准备	儿童经验准备	
	教师道具准备	
	导入	
	讲解	
	示范	
	练习	
	延伸	

工作表单 1：

| 姓名_____ |
| 组号_____ |
| 综合评分_____ |

教案设计表

	活动名称	
活动目标	素质目标	
	知识目标	
	技能目标	
活动重难点	活动重点	
	活动难点	
活动准备	儿童经验准备	
	教师道具准备	
	导入	
	讲解	
	示范	
	练习	
	延伸	

工作表单 1：

姓名_____

组号_____

综合评分_____

教案设计表

活动名称		
活动目标	**素质目标**	
	知识目标	
	技能目标	
活动重难点	**活动重点**	
	活动难点	
活动准备	**儿童经验准备**	
	教师道具准备	
	导入	
	讲解	
	示范	
	练习	
	延伸	

工作表单 1：

姓名＿＿＿＿＿＿
组号＿＿＿＿＿＿
综合评分＿＿＿＿

教案设计表

活动名称		
活动目标	素质目标	
	知识目标	
	技能目标	
活动重难点	活动重点	
	活动难点	
活动准备	儿童经验准备	
	教师道具准备	
	导入	
	讲解	
	示范	
	练习	
	延伸	

工作表单 1：

姓名_____
组号_____
综合评分_____

教案设计表

活动名称		
活动目标	素质目标	
	知识目标	
	技能目标	
活动重难点	活动重点	
	活动难点	
活动准备	儿童经验准备	
	教师道具准备	
	导入	
	讲解	
	示范	
	练习	
	延伸	

工作表单 1：

姓名＿＿＿＿＿＿
组号＿＿＿＿＿＿
综合评分＿＿＿＿

教案设计表

活动名称		
活动目标	素质目标	
	知识目标	
	技能目标	
活动重难点	活动重点	
	活动难点	
活动准备	儿童经验准备	
	教师道具准备	
	导入	
	讲解	
	示范	
	练习	
	延伸	

工作表单 1：

姓名＿＿＿＿＿＿＿

组号＿＿＿＿＿＿＿

综合评分＿＿＿＿＿

教案设计表

活动名称		
活动目标	素质目标	
	知识目标	
	技能目标	
活动重难点	活动重点	
	活动难点	
活动准备	儿童经验准备	
	教师道具准备	
导入		
讲解		
示范		
练习		
延伸		

工作表单 1：

姓名_____
组号_____
综合评分_____

教案设计表

活动名称		
活动目标	素质目标	
	知识目标	
	技能目标	
活动重难点	活动重点	
	活动难点	
活动准备	儿童经验准备	
	教师道具准备	
导入		
讲解		
示范		
练习		
延伸		

工作表单 1：

姓名_____
组号_____
综合评分_____

教案设计表

	活动名称	
活动目标	素质目标	
	知识目标	
	技能目标	
活动重难点	活动重点	
	活动难点	
活动准备	儿童经验准备	
	教师道具准备	
	导入	
	讲解	
	示范	
	练习	
	延伸	

工作表单 2：

评课记录表

组　别		课题 （教学内容）		涉及领域		
执教者		听课时间		年　　月　　日星期　（上、下午）		

评　课　量　表		评价等级（打"√"）			
		优秀	良好	合格	不合格
活动目标	1. 三维目标明确				
	2. 符合幼儿年龄特点及认知发展规律、难易适中				
活动准备	1. 准备充分，提供丰富多彩的教学情境，发挥信息技术作用				
	2. 材料准备与环境创设能为完成目标服务				
活动过程	1. 教态自然大方，富有感染力、亲和力				
	2. 普通话标准，语言简练、儿童化，提问富有启发性				
	3. 活动设计符合教学内容实际，能激发幼儿兴趣，满足幼儿学习需要				
	4. 活动设计脉络清晰、层层递进				
	5. 领域特色突出且注重领域间融合				
	6. 了解幼儿，预设充分，善于引导，课堂调控能力强				
	7. 教学方法与手段灵活多样，富有艺术性				
	8. 尊重幼儿，保护幼儿自尊心，培养自信心				
活动效果	1. 幼儿知识、技能、情感态度得到提高				
	2. 每个幼儿都得到关注				
	3. 活动氛围宽松、民主，幼儿参与积极主动				
	4. 活动过程中充分体现幼儿主体性，幼儿能主动探究，合作交流				
	5. 幼儿有充分提问和思考的时间				
活动建议					

工作表单2：

评课记录表

组　别		课题 （教学内容）		涉及领域		
执教者		听课时间		年　　月　　日星期（上、下午）		

评 课 量 表		评价等级（打"√"）			
		优秀	良好	合格	不合格
活动目标	1. 三维目标明确				
	2. 符合幼儿年龄特点及认知发展规律、难易适中				
活动准备	1. 准备充分，提供丰富多彩的教学情境，发挥信息技术作用				
	2. 材料准备与环境创设能为完成目标服务				
活动过程	1. 教态自然大方，富有感染力、亲和力				
	2. 普通话标准，语言简练、儿童化，提问富有启发性				
	3. 活动设计符合教学内容实际，能激发幼儿兴趣，满足幼儿学习需要				
	4. 活动设计脉络清晰、层层递进				
	5. 领域特色突出且注重领域间融合				
	6. 了解幼儿，预设充分，善于引导，课堂调控能力强				
	7. 教学方法与手段灵活多样，富有艺术性				
	8. 尊重幼儿，保护幼儿自尊心，培养自信心				
活动效果	1. 幼儿知识、技能、情感态度得到提高				
	2. 每个幼儿都得到关注				
	3. 活动氛围宽松、民主，幼儿参与积极主动				
	4. 活动过程中充分体现幼儿主体性，幼儿能主动探究，合作交流				
	5. 幼儿有充分提问和思考的时间				
活动建议					

工作表单 2：

评课记录表

组　别		课题 （教学内容）		涉及领域	
执教者		听课时间		年　　月　　日星期　（上、下午）	

评 课 量 表		评价等级（打"√"）			
		优秀	良好	合格	不合格
活动目标	1.三维目标明确				
	2.符合幼儿年龄特点及认知发展规律、难易适中				
活动准备	1.准备充分，提供丰富多彩的教学情境，发挥信息技术作用				
	2.材料准备与环境创设能为完成目标服务				
活动过程	1.教态自然大方，富有感染力、亲和力				
	2.普通话标准，语言简练、儿童化，提问富有启发性				
	3.活动设计符合教学内容实际，能激发幼儿兴趣，满足幼儿学习需要				
	4.活动设计脉络清晰、层层递进				
	5.领域特色突出且注重领域间融合				
	6.了解幼儿，预设充分，善于引导，课堂调控能力强				
	7.教学方法与手段灵活多样，富有艺术性				
	8.尊重幼儿，保护幼儿自尊心，培养自信心				
活动效果	1.幼儿知识、技能、情感态度得到提高				
	2.每个幼儿都得到关注				
	3.活动氛围宽松、民主，幼儿参与积极主动				
	4.活动过程中充分体现幼儿主体性，幼儿能主动探究，合作交流				
	5.幼儿有充分提问和思考的时间				
活动建议					

工作表单 2：

评课记录表

组　别		课题 （教学内容）		涉及领域	
执教者		听课时间		年　　月　　日星期（上、下午）	

评　课　量　表		评价等级（打"√"）			
		优秀	良好	合格	不合格
活动目标	1. 三维目标明确				
	2. 符合幼儿年龄特点及认知发展规律、难易适中				
活动准备	1. 准备充分，提供丰富多彩的教学情境，发挥信息技术作用				
	2. 材料准备与环境创设能为完成目标服务				
活动过程	1. 教态自然大方，富有感染力、亲和力				
	2. 普通话标准，语言简练、儿童化，提问富有启发性				
	3. 活动设计符合教学内容实际，能激发幼儿兴趣，满足幼儿学习需要				
	4. 活动设计脉络清晰、层层递进				
	5. 领域特色突出且注重领域间融合				
	6. 了解幼儿，预设充分，善于引导，课堂调控能力强				
	7. 教学方法与手段灵活多样，富有艺术性				
	8. 尊重幼儿，保护幼儿自尊心，培养自信心				
活动效果	1. 幼儿知识、技能、情感态度得到提高				
	2. 每个幼儿都得到关注				
	3. 活动氛围宽松、民主，幼儿参与积极主动				
	4. 活动过程中充分体现幼儿主体性，幼儿能主动探究，合作交流				
	5. 幼儿有充分提问和思考的时间				
活动建议					

工作表单 2：

评课记录表

组　别		课题 （教学内容）		涉及领域			
执教者		听课时间		年　　月　　日星期　（上、下午）			
评　课　量　表				评价等级（打"√"）			
				优秀	良好	合格	不合格
活动目标	1. 三维目标明确						
	2. 符合幼儿年龄特点及认知发展规律、难易适中						
活动准备	1. 准备充分，提供丰富多彩的教学情境，发挥信息技术作用						
	2. 材料准备与环境创设能为完成目标服务						
活动过程	1. 教态自然大方，富有感染力、亲和力						
	2. 普通话标准，语言简练、儿童化，提问富有启发性						
	3. 活动设计符合教学内容实际，能激发幼儿兴趣，满足幼儿学习需要						
	4. 活动设计脉络清晰、层层递进						
	5. 领域特色突出且注重领域间融合						
	6. 了解幼儿，预设充分，善于引导，课堂调控能力强						
	7. 教学方法与手段灵活多样，富有艺术性						
	8. 尊重幼儿，保护幼儿自尊心，培养自信心						
活动效果	1. 幼儿知识、技能、情感态度得到提高						
	2. 每个幼儿都得到关注						
	3. 活动氛围宽松、民主，幼儿参与积极主动						
	4. 活动过程中充分体现幼儿主体性，幼儿能主动探究，合作交流						
	5. 幼儿有充分提问和思考的时间						
活动建议							

工作表单 2：

评课记录表

组　别		课题（教学内容）		涉及领域		
执教者		听课时间		年　　月　　日星期　（上、下午）		

评　课　量　表		评价等级（打"√"）			
		优秀	良好	合格	不合格
活动目标	1. 三维目标明确				
	2. 符合幼儿年龄特点及认知发展规律、难易适中				
活动准备	1. 准备充分，提供丰富多彩的教学情境，发挥信息技术作用				
	2. 材料准备与环境创设能为完成目标服务				
活动过程	1. 教态自然大方，富有感染力、亲和力				
	2. 普通话标准，语言简练、儿童化，提问富有启发性				
	3. 活动设计符合教学内容实际，能激发幼儿兴趣，满足幼儿学习需要				
	4. 活动设计脉络清晰、层层递进				
	5. 领域特色突出且注重领域间融合				
	6. 了解幼儿，预设充分，善于引导，课堂调控能力强				
	7. 教学方法与手段灵活多样，富有艺术性				
	8. 尊重幼儿，保护幼儿自尊心，培养自信心				
活动效果	1. 幼儿知识、技能、情感态度得到提高				
	2. 每个幼儿都得到关注				
	3. 活动氛围宽松、民主，幼儿参与积极主动				
	4. 活动过程中充分体现幼儿主体性，幼儿能主动探究，合作交流				
	5. 幼儿有充分提问和思考的时间				
活动建议					

工作领域三

幼儿园"主题式"音乐活动实践

单元一　爱国主题音乐活动实践

模块一　小班爱国主题音乐活动实践

任务一　设计与组织歌唱活动《好娃娃》

一、学习目标

- ☑ 了解小班幼儿歌唱能力的发展特点。
- ☑ 能够准确、优美、有感情地范唱歌曲《好娃娃》。
- ☑ 能依据幼儿歌唱能力，科学合理地设计歌曲《好娃娃》活动方案。
- ☑ 能够流畅地模拟、组织和实施歌唱活动。

二、欣赏体验

（一）欣赏作品

3-1　扫码观看歌曲《好娃娃》

3-1　任务一知识点扫码自主学习

扫码欣赏歌曲《好娃娃》视频，并回答以下问题。

引导问题：

尝试从词、曲的各个方面对作品进行赏析，并分析其对小班幼儿的价值。

好　娃　娃

1=C　2/4

3	3	3	1	5		3		6	6	6	3	5		−	
爷	爷	年	纪	大		呀,		嘴	里	缺	了	牙,			
奶	奶	年	纪	大		呀,		头	发	白	花	花,			
爸	爸	和	妈	妈		呀,		齐	声	把	我	夸,			

6	6	i	i	5	6	5	3	2	5	3	2	1		−	
我	给	爷	爷	端	杯	茶	呀,	爷	爷	笑	哈	哈。			
我	给	奶	奶	搬	凳	坐	呀,	奶	奶	笑	哈	哈。			
尊	敬	老	人	有	礼	貌	呀,	是	个	好	娃	娃。			

（二）体验学习

结合活动素材，在教师的带领下体验小班歌唱活动设计与组织的一般流程，尝试撰写活动方案。

1. 歌曲演唱

准确、优美、有感情地范唱歌曲《好娃娃》。

2. 观看微课视频，完成活动方案设计

（1）通过微课学习，结合小班幼儿歌唱能力的特点和《3~6岁儿童学习与发展指南》中对小班艺术领域的要求，尝试撰写活动目标。

_____

_____

_____

_____

（2）分析微课视频中小班歌唱活动案例，并用思维导图来呈现。

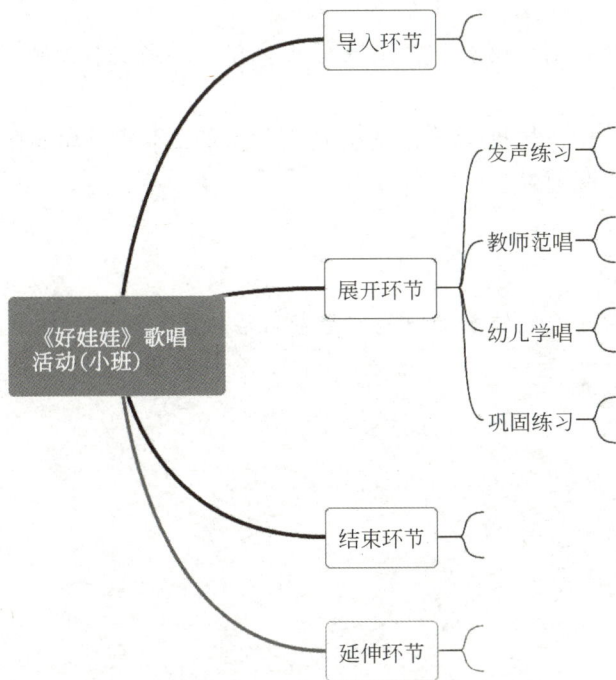

3-1　小班歌唱活动案例

3. 回顾学习内容，阅读以下内容

小班幼儿歌唱能力的特点

歌词方面	小班幼儿能够完整地掌握比较简短的句子或较长歌曲中相对完整的片段，但是他们对歌词含义的理解还存在一定困难。由于这一阶段儿童听辨和发音能力还比较弱，对于难以理解的词，他们唱歌时会吐字不清，或用其他熟悉的语音代替，有时也会直接省略。
音域方面	小班幼儿唱歌的音域一般为 c^1-a^1（C调的1-6），其中唱起来最舒服、最轻松的是 d^1-g^1（C调的2-5）。但个别幼儿的音域发展有所偏差，音域偏窄的幼儿仅能唱出3个音左右，音域稍宽的幼儿音域为 a-c^2。
旋律方面	小班幼儿在旋律的感知方面存在不精确性，往往不能准确地唱出歌曲旋律，唱歌如同"说歌"。有相当一部分幼儿的音准有问题，在无乐器伴奏或独立歌唱时走调、没调的情况较为严重。

续表

节奏方面	小班幼儿基本能做到比较合拍地唱歌，尤其对与幼儿生理活动（心跳、呼吸等）和身体动作（走路、跑步等）相一致的节奏——四分音符、八分音符和二分音符构成的歌曲节奏更易感受和掌握。
呼吸方面	小班幼儿因呼吸较浅、肺活量较小，对气息控制的能力较弱，所以往往不能根据乐句的需要换气，在歌唱活动中经常因换气中断句子、中断词义。
合作协调性方面	小班幼儿集体歌唱时，不会相互配合，常常是你超前，我拖后，个别幼儿声音响亮。一般到小班后期，他们能基本上懂得在音量、速度、力度、音色等方面与集体相一致，初步体会到集体歌唱活动协调一致的快乐。

三、模拟演练

教师提供活动准备材料：《好娃娃》音频、红旗若干、教学课件、图谱、头饰道具等。要求如下：

（1）小组自主选择活动材料，尝试撰写活动方案，完成本领域尾页附录工作表单1《活动方案设计表》。

（2）以小组为单位，根据活动方案模拟试讲，完成本领域尾页附录工作表单2《幼儿园模拟试讲活动评课记录》。

四、反思

Q	歌唱活动《好娃娃》如何延伸至音乐活动区？请举例说明。

A

任务二　设计与编创区域游戏《我们的祖国是花园》

一、学习目标

☑ 掌握小班幼儿区域游戏的设计要点。

☑ 能够根据音乐素材设计与编创音乐游戏。

☑ 体验音乐游戏表演的快乐。

二、欣赏体验

（一）欣赏作品

3-2　幼儿律动游戏表演《我们的祖国是花园》

3-2　任务二知识点扫码自主学习

扫码欣赏幼儿律动游戏表演《我们的祖国是花园》，并回答以下问题。

引导问题：

围绕该作品可以开展哪些区域游戏？

我们的祖国是花园

1=F 2/4

新疆民歌
王颖编曲

欢快地

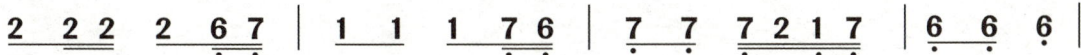

我 们的 祖 国　是 花 园，　花 园里 花 朵　真 鲜艳，
大 姐姐 你 呀　快 快 来，　小 弟弟 你 呀　莫 躲开，

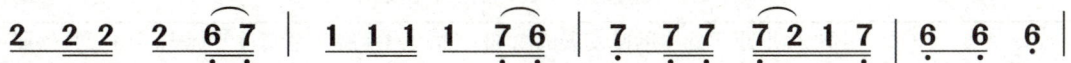

和 暖的 阳 光　照耀着我 们，　每 个 人 脸 上 都　笑 开颜。
手 拉着 手 呀　唱起那歌 儿，　我 们 的 生 活 多　愉 快。

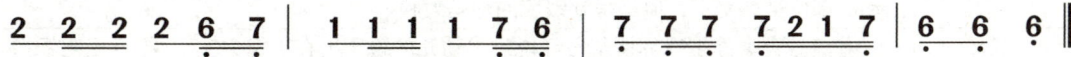

娃 哈 哈，　娃 哈 哈，　每 个 人 脸 上 都　笑 开颜。
娃 哈 哈，　娃 哈 哈，　我 们 的 生 活 多　愉 快。

（二）体验学习

结合活动素材及小班幼儿的年龄特点尝试编创区域游戏。

1. 手指动作设计

以小组为单位，根据小班幼儿的动作发展特点尝试为歌曲设计手指动作并画出动作图示。

歌词内容	手指动作设计	动作图示
如：我们的祖国是花园	双手交叉拍肩两下，手打开呈小花状	🤚🤚🌸

2. 完善区域游戏方案

游戏名称：音乐手指游戏
游戏目标：能够围绕歌曲开展音乐手指游戏，培养幼儿对节奏、旋律等音乐素养的感受力。
游戏材料：
游戏过程：

3. 回顾学习内容，阅读以下内容

小班幼儿的动作发展特点及教育启示

动作发展特点	小班幼儿处于身体迅速发展的时期，而动作发展又是其重要标志。由于骨骼肌肉的发展和大脑调节控制能力的不断增强，在小班这一年中，幼儿动作的进步非常快，但是小班幼儿一般肌肉尚未发育完善，某些手部的精细动作必须在游戏活动中得到相应的训练和发展，而幼儿思维的发展和幼儿动作之间具有十分紧密的联系，幼儿活动的部位虽然是手，但是得到锻炼的却是大脑。
教育启示	著名教育家苏霍姆林斯基曾经说过"幼儿的智慧出在手指尖上"。将音乐与手指游戏相结合，一方面有利于提高幼儿小肌肉动作的灵活性，另一方面有利于培养幼儿对节奏、旋律等音乐素养的感受力。

三、模拟演练

以小组为单位，轮流展示编创的音乐手指游戏。要求如下：

（1）听课同学为小组点评。

（2）小组课后优化作品，并录制完整视频。

> ➤ Q1：在表演音乐手指游戏时，你认为应该注意些什么？

> ➤ Q2：如何指导幼儿进行音乐手指游戏？

四、反思

Q	你认为音乐手指游戏活动对幼儿还有哪些价值？

A

任务三　实施融入一日生活的音乐教育《祖国祖国我们爱你》

一、学习目标

☑ 掌握入园环节音乐的特点。
☑ 能够选择符合小班幼儿需求的爱国主题入园接待音乐。
☑ 体验音乐融入入园环节的快乐。

二、欣赏体验

（一）欣赏作品

3-3　扫码观看歌曲《祖国祖国我们爱你》

3-3　任务三知识点扫码自主学习

扫码欣赏歌曲《祖国祖国我们爱你》，并回答以下问题。

引导问题：

尝试从词、曲的各个方面对作品进行赏析，并分析其对小班幼儿的价值。

（二）体验学习

1. 自主搜集入园音乐，分析入园接待音乐的特点

（1）搜集爱国主题入园音乐素材。

（2）思考：入园接待音乐的特点。

_____

_____

_____

_____

2. 回顾学习内容，阅读以下内容

音乐在入园环节中的运用	入园是建立良好家园关系的主要时间。入园时，要选用活泼、优美的音乐，减轻幼儿早起入园的紧张感和暂时离开家长的焦虑感，使其对即将开始的一日生活充满期待。例如，《幸福拍手歌》是一首外国儿童歌曲，4/4拍，旋律活泼、风趣而富有朝气。前三句是逐音升高的模拟递进式结构，结尾新颖、简单。大家围坐成一圈，教师将歌词的适当部分替换成已经来园的幼儿的名字，然后带领幼儿按照歌词做拍手、踩脚、拍肩、拍腿的动作。

三、模拟演练

以小组为单位，自选爱国主题音乐，模拟小班入园接待活动。

要求如下：

（1）分小组扮演角色，模拟幼儿教师入园接待活动，时间为5~10分钟。

（2）其余同学观摩后点评。

> Q：教师在入园接待时，应该注意什么？

四、反思

| Q | 你认为音乐融入入园环节对幼儿还有哪些价值？ |

A

请你根据教学进度对本模块的每个任务依次进行评价。

评价任务	评价内容	评价标准	自　评	互　评	师　评
模块一 任务一　设计与组织歌唱活动《小小男子汉》	歌曲鉴赏	能够从词、曲方面鉴赏歌曲	☆☆☆☆☆	☆☆☆☆☆	☆☆☆☆☆
	歌曲范唱	能够准确、优美、有感情地范唱歌曲	☆☆☆☆☆	☆☆☆☆☆	☆☆☆☆☆
	方案设计	根据教案撰写评分标准评价	☆☆☆☆☆	☆☆☆☆☆	☆☆☆☆☆
	模拟试讲	根据模拟试讲评课标准评价	☆☆☆☆☆	☆☆☆☆☆	☆☆☆☆☆
	团队协作	成员配合默契，活动效果好	☆☆☆☆☆	☆☆☆☆☆	☆☆☆☆☆
模块一 任务二　设计与编创区域游戏《我们的祖国是花园》	歌曲鉴赏	能够从词、曲方面鉴赏歌曲	☆☆☆☆☆	☆☆☆☆☆	☆☆☆☆☆
	歌曲范唱	能够准确、优美、有感情地范唱歌曲	☆☆☆☆☆	☆☆☆☆☆	☆☆☆☆☆
	音乐手指游戏设计	符合幼儿接受能力	☆☆☆☆☆	☆☆☆☆☆	☆☆☆☆☆
	音乐手指游戏表演	动作熟练，具有表现力	☆☆☆☆☆	☆☆☆☆☆	☆☆☆☆☆
	团队协作	成员配合默契，活动效果好	☆☆☆☆☆	☆☆☆☆☆	☆☆☆☆☆
模块一 任务三　实施融入一日生活的音乐教育《祖国祖国我爱你》	作品欣赏	能够从词、曲方面赏析歌曲	☆☆☆☆☆	☆☆☆☆☆	☆☆☆☆☆
	入园音乐选择	符合幼儿接受能力	☆☆☆☆☆	☆☆☆☆☆	☆☆☆☆☆
	入园接待模拟活动	师幼互动良好	☆☆☆☆☆	☆☆☆☆☆	☆☆☆☆☆
	团队协作	成员配合默契，活动效果好	☆☆☆☆☆	☆☆☆☆☆	☆☆☆☆☆

模块二　中班爱国主题音乐活动实践

任务一　设计与组织韵律活动《哈达献给解放军》

一、学习目标

☑ 了解中班幼儿身体韵律能力的发展特点。

☑ 能够动作协调、流畅、富有美感和童趣地表演歌曲。

☑ 能够依据幼儿身体韵律能力，科学合理地设计活动方案。

☑ 能够流畅地模拟组织和实施韵律活动。

二、欣赏体验

（一）欣赏作品

3-4　扫码观看歌曲《哈达献给解放军》

3-4　任务一知识点扫码自主学习

扫码欣赏歌曲《哈达献给解放军》，并回答以下问题。

引导问题：

尝试从词、曲的各个方面对作品进行赏析，并分析其对中班幼儿的价值。

哈达献给解放军

黄式茂　词
丁文弘　曲

（二）体验学习

结合活动素材，在教师的带领下体验中班韵律活动设计与组织的一般流程，尝试撰写活动方案。

1. 韵律表演

动作协调、流畅、富有美感和童趣地表演歌曲。

2. 观看微课视频，完成活动方案设计

（1）通过视频观摩，结合中班幼儿身体韵律能力的特点和《3~6岁儿童学习与发展指南》中对中班艺术领域的要求，尝试撰写活动目标。

_____
_____
_____
_____
_____
_____
_____
_____
_____
_____

（2）分析微课视频中中班韵律活动案例，并用思维导图来呈现。

3-4 中班韵律活动案例

- 《哈达献给解放军》韵律活动（中班）
  - 导入环节
  - 展开环节
    - 熟悉音乐
    - 完整欣赏韵律表演
    - 幼儿学习动作
    - 随乐完整表演
    - 创造性表达
  - 结束环节
  - 延伸环节

3. 回顾学习内容，阅读以下内容

中班幼儿韵律能力的特点

动作形象生动	中班幼儿是整个幼儿期思维特点表现最为典型的时期，即思维的具体形象性最为突出。随着肢体语言表述能力的增强，他们在律动游戏中也表现出了生动形象的特点。幼儿不仅能模仿各种与他们生活经验相符合的舞蹈动作，而且能够展开丰富的联想，根据游戏情节进行简单的即兴动作创编。
自行确定游戏主题	中班幼儿处在游戏的高峰期，他们不仅爱玩而且会玩游戏，因此在律动游戏中，幼儿可以自己确定游戏主题，安排角色。而教师可以引导幼儿更好地用动作来表现律动的主题内容，把动作意识融入律动，从而提高动作的表现力，培养幼儿的艺术感受能力。
动作表达多样化	中班的幼儿在律动练习中能够做一些简单的舞姿变换练习，可以根据需要变换上肢和躯干的动作速度和幅度；也可以由单一舞步通过节奏变化做一些稍微复杂的连续移动动作，如"错步""交替步""秧歌十字步"等，并认识脚的位置，一位、二位、五位；还可以做一些双脚的小跳动作，并在做跳的腾空动作过程中保持重心和平衡性。
活动时间略有延长	中班幼儿的心理活动水平、神经系统等方面得到进一步发展，兴奋和抑制过程都有较大的改善。其表现在幼儿不像以前那么容易疲劳，集中精力从事游戏活动的时间也比小班有所延长。他们在律动游戏中的持久性、目的性和专注性也有了比较明显的提高。研究表明，中班幼儿律动游戏时间安排在15~20分钟为宜。

三、模拟演练

教师提供活动准备材料：《哈达献给解放军》音频、教学课件、图谱、服装道具等。要求如下：

（1）小组自主选择活动材料，尝试撰写活动方案，完成本领域尾页附录工作表单1《活动方案设计表》。

（2）以小组为单位，根据活动方案模拟试讲，完成本领域尾页附录工作表单2《幼儿园模拟试讲活动评课记录》。

四、反思

Q	中班韵律活动《哈达献给解放军》如何延伸至音乐活动区？请举例说明。

A

任务二　设计与编创区域游戏《哈达献给解放军》

一、学习目标

☑ 掌握中班幼儿区域游戏的设计要点。
☑ 能够根据音乐素材设计与编创音乐游戏。
☑ 体验音乐游戏表演的快乐。

二、欣赏体验

（一）欣赏作品

3-5　韵律表演《哈达献给解放军》

3-5　任务二知识点自主学习

扫码欣赏幼儿韵律表演《哈达献给解放军》，并回答以下问题。

引导问题：

围绕该作品可以开展哪些区域游戏？

（二）体验学习

结合学习素材及中班幼儿的年龄特点尝试设计区域游戏。

1. 完善区域游戏方案

游戏名称:《哈达献给解放军》表演游戏
游戏目标:能够根据歌曲内容开展情境表演，重点表现捧哈达、献哈达的上肢动作，体验哈达献给解放军的喜悦心情
游戏材料:解放军帽子、服装、哈达
游戏方法:

游戏名称:排图歌唱游戏
游戏目标:引导幼儿排图进行歌唱游戏，巩固歌词内容
游戏材料:彩笔、卡纸等
游戏方法:

2. 回顾学习内容，阅读以下内容

中班区域游戏的意义

中班区域游戏对于幼儿来说是一种非常好的教学方式。首先，中班的幼儿在一定程度上已经具备了接受一定教育的能力，他们不仅能够接受关于生活能力的教育，也可以接受一些关于音乐启蒙、美术启蒙等的教育。那么教师就可以通过区域游戏的方式对幼儿进行音乐启蒙，这种方式不仅可以有效提高幼儿在游戏过程中的积极性，还能够使其对音乐产生一定的感性，以此来提升幼儿的音乐感。其次，幼儿都是活泼好动的，很多幼儿在幼儿园接受教育时都不能安静地坐在小板凳上听老师讲课，而游戏的方式就可以帮助幼儿释放天性，以提高幼儿参与课堂学习的积极性，这种方式既解放了幼儿教师管理课堂纪律的烦恼，又能够帮助幼儿教师提升教育的质量。最后，区域游戏不仅仅以音乐为依托，其中还穿插着各种各样的手工、动作、角色扮演等内容，将这些教学内容和幼儿易于接受的音乐进行了充分的融合，以此来形成音乐游戏。总之，中班区域游戏对于幼儿的发展有着很大的促进作用，对于教师的教学也能够起到事半功倍的作用。

三、模拟演练

以小组为单位，轮流汇报并展示编创的区域游戏。要求如下：

（1）听课同学为小组点评。

（2）完善区域游戏方案。

> Q1：在设计区域游戏时，你认为应该注意些什么？

> Q2：如何指导幼儿进行区域游戏？

四、反思

Q　　你认为区域游戏活动对幼儿还有哪些价值？

A

任务三　实施融入一日生活的音乐教育《洗手歌》

一、学习目标

☑ 掌握盥洗活动音乐的特点。
☑ 能够选择符合中班幼儿需求的爱国主题盥洗活动音乐。
☑ 体验音乐融入盥洗活动的快乐。

二、欣赏体验

（一）欣赏作品

3-6　扫码观看歌曲《洗手歌》

3-6　任务三知识点扫码自主学习

扫码欣赏歌曲《洗手歌》，并回答以下问题。
引导问题：
尝试从词、曲的各个方面对作品进行赏析，并分析其对中班幼儿的价值。

（二）体验学习

1. 自主搜集适合盥洗活动的音乐，分析盥洗活动音乐的特点
（1）搜集爱国主题盥洗活动音乐素材。
（2）思考：盥洗活动音乐的特点。

_____
_____
_____
_____
_____
_____
_____

2. 回顾学习内容，阅读以下内容

音乐在盥洗活动中的运用	选择生动诙谐的童谣，有助于提高幼儿盥洗活动的"趣味化"。民间传颂的童谣内含经典的生活经验，富有画面感、操作性强，如《小脏手》《花猫照镜子》等。幼儿伴随欢畅有趣、朗朗上口的童谣，不仅能习得盥洗的生活技能，也能在轻松愉悦的氛围中感受到生活习惯养成活动的趣味性。

三、模拟演练

以小组为单位，自选主题音乐，模拟盥洗活动。要求如下：

（1）分小组扮演角色，模拟幼儿教师指导幼儿盥洗活动，时间为 5~10 分钟。

（2）其余同学观摩后点评。

> ➤ Q：教师在指导幼儿盥洗活动时，应该注意什么？

四、反思

| Q | 你认为音乐融入盥洗活动对幼儿还有哪些价值？ |

A

请你根据教学进度对本模块的每个任务依次进行评价。

评价任务	评价内容	评价标准	自　评	互　评	师　评
模块二 任务一　设计与组织韵律活动《哈达献给解放军》	歌曲鉴赏	能够从词、曲方面鉴赏歌曲	☆ ☆ ☆ ☆ ☆	☆ ☆ ☆ ☆ ☆	☆ ☆ ☆ ☆ ☆
	歌曲表演	能够动作协调、流畅、富有美感和童趣地表演歌曲	☆ ☆ ☆ ☆ ☆	☆ ☆ ☆ ☆ ☆	☆ ☆ ☆ ☆ ☆
	方案设计	根据教案撰写评分标准评价	☆ ☆ ☆ ☆ ☆	☆ ☆ ☆ ☆ ☆	☆ ☆ ☆ ☆ ☆
	模拟试讲	根据模拟试讲评课标准评价	☆ ☆ ☆ ☆ ☆	☆ ☆ ☆ ☆ ☆	☆ ☆ ☆ ☆ ☆
	团队协作	成员配合默契，活动效果好	☆ ☆ ☆ ☆ ☆	☆ ☆ ☆ ☆ ☆	☆ ☆ ☆ ☆ ☆
模块二 任务二　设计与编创区域游戏《哈达献给解放军》	作品鉴赏	能够从词、曲方面鉴赏歌曲	☆ ☆ ☆ ☆ ☆	☆ ☆ ☆ ☆ ☆	☆ ☆ ☆ ☆ ☆
	音乐游戏设计	符合幼儿接受能力	☆ ☆ ☆ ☆ ☆	☆ ☆ ☆ ☆ ☆	☆ ☆ ☆ ☆ ☆
	音乐游戏表演	动作熟练，具有表现力	☆ ☆ ☆ ☆ ☆	☆ ☆ ☆ ☆ ☆	☆ ☆ ☆ ☆ ☆
	团队协作	成员配合默契，活动效果好	☆ ☆ ☆ ☆ ☆	☆ ☆ ☆ ☆ ☆	☆ ☆ ☆ ☆ ☆
模块二 任务三　实施融入一日生活的音乐教育《洗手歌》	作品鉴赏	能够从词、曲方面鉴赏歌曲	☆ ☆ ☆ ☆ ☆	☆ ☆ ☆ ☆ ☆	☆ ☆ ☆ ☆ ☆
	作品欣赏	能够从词、曲方面赏析歌曲	☆ ☆ ☆ ☆ ☆	☆ ☆ ☆ ☆ ☆	☆ ☆ ☆ ☆ ☆
	盥洗音乐选择	符合幼儿接受能力	☆ ☆ ☆ ☆ ☆	☆ ☆ ☆ ☆ ☆	☆ ☆ ☆ ☆ ☆
	盥洗活动模拟	师幼互动良好	☆ ☆ ☆ ☆ ☆	☆ ☆ ☆ ☆ ☆	☆ ☆ ☆ ☆ ☆
	团队协作	成员配合默契，活动效果好	☆ ☆ ☆ ☆ ☆	☆ ☆ ☆ ☆ ☆	☆ ☆ ☆ ☆ ☆

模块三 大班爱国主题音乐活动实践

任务一 设计与组织打击乐活动《爱我中华》

一、学习目标

- ☑ 掌握大班幼儿打击乐演奏能力的发展特点。
- ☑ 能够根据作品设计配器方案，并演奏歌曲。
- ☑ 能够依据幼儿打击乐演奏能力，科学合理地设计活动方案。
- ☑ 能够流畅地模拟、组织和实施打击乐活动。

爱 我 中 华

二、欣赏体验

（一）欣赏作品

3-7　扫码观看歌曲《爱我中华》

3-7　任务一知识点扫码自主学习

扫码欣赏歌曲《爱我中华》，并回答以下问题。

引导问题：

尝试从音乐形象、节奏型等方面对作品进行鉴赏，并分析其对大班幼儿的价值。

（二）体验学习

根据作品设计配器方案，演奏歌曲。体验大班打击乐活动设计与组织的一般流程，尝试撰写活动方案。

3-7　幼儿打击乐配器七步法

1. 打击乐表演：根据作品设计配器方案，演奏歌曲

（1）观看微课视频《幼儿打击乐配器七步法》。

（2）以小组为单位设计配器方案，并尝试演奏。

2. 观摩幼儿教师执教视频，完成活动方案设计

（1）通过扫码观看视频，结合大班幼儿打击乐演奏能力的发展特点和《3~6岁儿童学习与发展指南》中对中大班艺术领域的要求，尝试撰写活动目标。

3-7　大班打击乐活动案例

（2）分析视频中大班打击乐活动案例，并用思维导图来呈现。

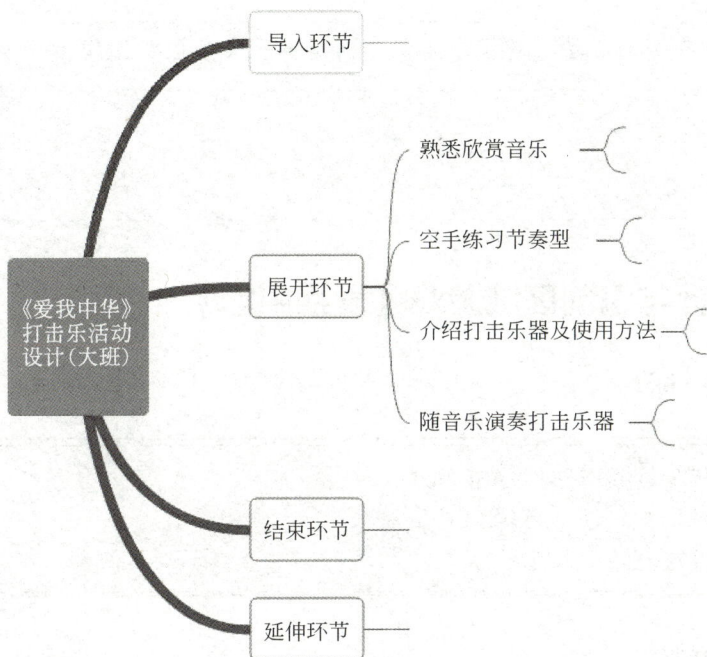

```
                        ┌─ 导入环节 ─
                        │
                        │                ┌─ 熟悉欣赏音乐 ─
                        │                │
《爱我中华》              │                ├─ 空手练习节奏型 ─
打击乐活动   ────────────┼─ 展开环节 ─────┤
设计（大班）             │                ├─ 介绍打击乐器及使用方法 ─
                        │                │
                        │                └─ 随音乐演奏打击乐器 ─
                        │
                        ├─ 结束环节 ─
                        │
                        └─ 延伸环节 ─
```

3. 回顾学习内容，阅读以下内容

大班幼儿打击乐演奏能力的发展特点

操作能力	大班幼儿使用和掌握的打击乐器种类较多，演奏能力增强，能演奏一些使用小肌肉操作的打击乐器，如三角铁；用手腕带动的打击乐器，如双响筒；对同一种打击乐器，其演奏的方法也更丰富、更细化。
随乐能力	大班幼儿在幼儿园受过简单训练，演奏打击乐器的随乐能力明显提高，不仅能自如地运用简单的节奏跟随音乐合奏，还会更加自觉地注意倾听音乐，努力使演奏与音乐的速度、力度变化相一致，能够随较复杂的音乐演奏乐器。除了2/4拍、4/4拍、3/4拍的音乐，他们也能比较准确地演奏有附点节奏和切分节奏，以及结构相对复杂的乐曲。
协调合作能力	能够准确地演奏出自己的声部，在多声部合奏活动中主动关注整体音响效果，保持音响的协调性；能以脸部表情和体态表情与演奏者进行积极的情感沟通，以唤起全体参加者的合作表现热情。
创造性表现能力	大班幼儿在创造性方面表现得更为主动和积极，能为鲜明的音乐作品选择打击乐器，能自发探索音乐及打击乐器制作，大胆地尝试参与即兴指挥等。

三、模拟演练

教师提供活动准备材料：《爱我中华》音频、教学课件、图谱、铃鼓、圆舞板、木鱼、锣、镲等打击乐器。要求如下：

（1）小组自主选择活动材料，尝试撰写活动方案，完成本领域尾页附录工作表单1《活动方案设计表》。

（2）以小组为单位，根据活动方案模拟试讲，完成本领域尾页附录工作表单2《幼儿园模拟试讲活动评课记录》。

四、反思

Q	大班打击乐活动《爱我中华》如何延伸至表演区？请举例说明。

	A

任务二　设计与编创区域游戏《爱我中华》

一、学习目标

☑ 掌握大班幼儿区域游戏的设计要点。
☑ 能够根据音乐素材设计与编创音乐游戏。
☑ 体验音乐游戏表演的快乐。

二、欣赏体验

（一）欣赏作品

3-8　幼儿打击乐表演《爱我中华》

3-8　任务二知识点扫码自主学习

扫码欣赏幼儿打击乐表演《爱我中华》，并回答以下问题。

引导问题：
围绕该作品可以开展哪些区域游戏？

（二）体验学习

结合学习素材及大班幼儿的年龄特点尝试设计区域游戏。

1. 完善区域游戏方案

游戏名称："爱我中华"歌曲表演游戏
游戏目标：能够围绕歌曲开展表演游戏，体验五十六个民族相亲相爱的美好情怀
游戏材料：
游戏方法：

续表

游戏名称：排图歌唱游戏

游戏目标：引导幼儿排图进行歌唱游戏，巩固歌词内容

游戏材料：彩笔、卡纸等

游戏方法：

2. 回顾学习内容，阅读以下内容

大班区域游戏的意义

伟大的科学家爱因斯坦说过，"热爱是最好的老师，兴趣是学习的挚友"。在音乐区，教师可采取灵活的方式引导儿童发展。我们通过音乐欣赏、歌唱、表演打击乐等形式多样的音乐活动来发展儿童的能力，利用一些图片、动感的画面让儿童学会把音乐说出来、唱出来。例如，我们为一首歌曲或乐曲配上不同的画面、不同的图案，让儿童自己想象创编故事、创编动作等。儿童的表现虽然十分稚拙但都是真实情感的流露，体现了他们独特的想象力和创造力。只有让儿童按自己的条件、方式，愿意去做，他们才能学得主动，才能发挥想象力、独创性。

三、模拟演练

以小组为单位，模拟幼儿教师指导幼儿区域游戏的场景。要求如下：

（1）分小组扮演角色，模拟幼儿教师指导幼儿音乐活动区场景，重点展示教师对幼儿的个别指导，时间为5~10分钟。

（2）其余同学观摩后点评。

> Q1：在设计区域游戏时，你认为应该注意些什么？

> Q2：如何指导幼儿进行区域游戏？

四、反思

Q	你认为区域游戏活动对幼儿还有哪些价值？

A

任务三　实施融入进餐活动的音乐教育《高山流水》

一、学习目标

☑ 掌握进餐活动音乐的特点。
☑ 能够选择符合中班幼儿需求的爱国主题进餐活动音乐。
☑ 体验探索音乐融入进餐活动的快乐。

二、欣赏体验

（一）欣赏作品

3-9　扫码观看音乐《高山流水》

3-9　任务三知识点扫码自主学习

扫码欣赏音乐《高山流水》，并回答以下问题。
引导问题：
尝试从作品典故、乐曲节奏旋律等各个方面对作品进行赏析，并分析对大班幼儿的价值。

（二）体验学习

1. 自主搜集适合幼儿进餐活动的音乐，分析进餐活动音乐的特点
（1）搜集爱国主题进餐活动音乐素材。
（2）思考：进餐活动音乐的特点。

_____

_____

_____

_____

_____

_____

_____

2. 回顾学习内容，阅读以下内容

音乐在进餐活动中的运用	幼儿园在进餐环节，除了要提供有足够营养的食物，还要营造轻松愉快的氛围。无论是动听的世界名曲，还是特色鲜明的民族风乐曲，只要是优雅舒缓的音乐，就能为幼儿营造舒适温馨的进餐氛围，从而强化幼儿进餐的愉悦情绪，有效巩固幼儿的进餐礼仪，改正幼儿挑食的不良行为，提高进餐环节幼儿良好习惯养成的效果。由于进餐速度不宜过快，所以选择过于欢快的音乐是不适合的。

三、模拟演练

以小组为单位，自选主题音乐，模拟进餐活动。要求如下：

（1）分小组扮演角色，模拟幼儿教师指导幼儿进餐活动，时间为 5~10 分钟。

（2）其余同学观摩后点评。

> ➤ Q：教师在指导幼儿进餐活动时，应该注意什么？

四、反思

| Q | 你认为音乐融入进餐活动对幼儿还有哪些价值？ |

A

请你根据教学进度对本模块的每个任务依次进行评价。

评价任务	评价内容	评价标准	自 评	互 评	师 评
模块三 任务一　设计与组织打击乐活动《爱我中华》	歌曲鉴赏	能够从词、曲方面鉴赏歌曲	☆ ☆ ☆ ☆ ☆	☆ ☆ ☆ ☆ ☆	☆ ☆ ☆ ☆ ☆
	配器演奏	能够合理配器，演奏歌曲	☆ ☆ ☆ ☆ ☆	☆ ☆ ☆ ☆ ☆	☆ ☆ ☆ ☆ ☆
	方案设计	根据教案撰写评分标准评价	☆ ☆ ☆ ☆ ☆	☆ ☆ ☆ ☆ ☆	☆ ☆ ☆ ☆ ☆
	模拟试讲	根据模拟试讲评课标准评价	☆ ☆ ☆ ☆ ☆	☆ ☆ ☆ ☆ ☆	☆ ☆ ☆ ☆ ☆
	团队协作	成员配合默契，活动效果好	☆ ☆ ☆ ☆ ☆	☆ ☆ ☆ ☆ ☆	☆ ☆ ☆ ☆ ☆
模块三 任务二　设计与编创区域游戏《爱我中华》	作品鉴赏	能够从词、曲方面鉴赏歌曲	☆ ☆ ☆ ☆ ☆	☆ ☆ ☆ ☆ ☆	☆ ☆ ☆ ☆ ☆
	区域游戏设计	符合幼儿接受能力	☆ ☆ ☆ ☆ ☆	☆ ☆ ☆ ☆ ☆	☆ ☆ ☆ ☆ ☆
	区域游戏指导	师幼互动良好，能根据幼儿的需求适时、适度指导	☆ ☆ ☆ ☆ ☆	☆ ☆ ☆ ☆ ☆	☆ ☆ ☆ ☆ ☆
	团队协作	成员配合默契，活动效果好	☆ ☆ ☆ ☆ ☆	☆ ☆ ☆ ☆ ☆	☆ ☆ ☆ ☆ ☆
模块三 任务三　实施融入进餐活动的音乐教育《高山流水》	作品欣赏	能够从词、曲方面赏析歌曲	☆ ☆ ☆ ☆ ☆	☆ ☆ ☆ ☆ ☆	☆ ☆ ☆ ☆ ☆
	进餐音乐选择	符合幼儿接受能力	☆ ☆ ☆ ☆ ☆	☆ ☆ ☆ ☆ ☆	☆ ☆ ☆ ☆ ☆
	进餐活动模拟	师幼互动良好	☆ ☆ ☆ ☆ ☆	☆ ☆ ☆ ☆ ☆	☆ ☆ ☆ ☆ ☆
	团队协作	成员配合默契，活动效果好	☆ ☆ ☆ ☆ ☆	☆ ☆ ☆ ☆ ☆	☆ ☆ ☆ ☆ ☆

单元二　四季主题音乐活动实践

模块一　小班四季主题音乐活动实践

任务一　设计与组织韵律活动《噜啦啦洗洗澡》

一、学习目标

☑ 了解小班幼儿身体韵律能力的发展特点。
☑ 能够动作协调、流畅、富有美感和童趣地表演歌曲。
☑ 能够依据幼儿身体韵律能力，科学合理地设计活动方案。
☑ 能够流畅地模拟、组织和实施韵律活动。

二、欣赏体验

（一）欣赏作品

3-10　扫码欣赏歌曲《噜啦啦洗洗澡》

3-10　任务一知识点扫码自主学习

3-10　小班韵律活动案例

扫码欣赏歌曲《噜啦啦洗洗澡》，并回答以下问题。

引导问题：

尝试从词、曲的各个方面对作品进行赏析，并分析其对小班幼儿的价值。

噜啦啦洗洗澡

1 = C $\frac{2}{4}$

5	1 2	3 5	4 2	3	X X	X	X X	X
噜	啦 啦	啦 啦	洗 洗	澡,	嚓 嚓	嚓	搓 脖	子,
噜	啦 啦	啦 啦	洗 洗	澡,	嚓 嚓	嚓	搓 胳	膊,

5	1 2	3 5	4 3	2	X X	X	X X	X
噜	啦 啦	啦 啦	洗 洗	澡,	嚓 嚓	嚓	搓 搓	背
噜	啦 啦	啦 啦	洗 洗	澡,	嚓 嚓	嚓	搓 搓	脚

6	6	6	4 4	5	5	5	3	4	4	4	2	5	-
啦	啦	啦	啦 啦	啦	啦	啦	啦	洗	澡	真	快	乐，	
啦	啦	啦	啦 啦	啦	啦	啦	啦	洗	澡	真	快	乐，	

6	6	6	4 4	5	5	5	3	4	4	3	2	1	-
啦	啦	啦	啦 啦	啦	啦	啦	啦	洗	澡	真	快	乐。	
啦	啦	啦	啦 啦	啦	啦	啦	啦	洗	澡	真	快	乐。	

X	X	X	X	X	X
嚓	嚓	嚓	嚓	嚓	嚓。
嚓	嚓	嚓	嚓	嚓	嚓。

（二）体验学习

结合活动素材，在教师的带领下体验小班韵律活动设计与组织的一般流程，尝试撰写活动方案。

1. 韵律表演

动作协调、流畅、富有美感和童趣地表演歌曲。

2. 观看微课视频，完成活动方案设计

（1）通过微课学习，结合小班幼儿身体韵律能力的特点和《3~6 岁儿童学习与发展指南》中对小班艺术领域的要求，尝试撰写活动目标。

_____

_____

_____

（2）分析微课中小班韵律活动案例，并用思维导图来呈现。

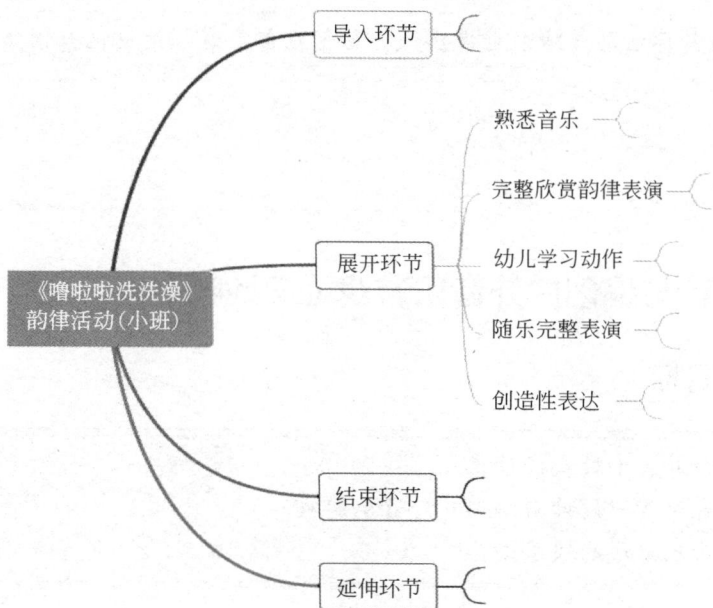

3. 回顾学习内容，阅读以下内容

小班幼儿韵律能力的特点

以模仿为主	爱模仿是小班幼儿的重要特点，也是这个时期幼儿学习的重要手段，他们正是在模仿中成长的。模仿不仅可以成为他们的学习动机，也可以成为他们学习他人经验的过程。由于幼儿的骨骼和肌肉纤维都没有发育完成，平衡能力和控制能力都比较差，甚至连随着音乐的节拍进行整齐的拍手或者踏步都不容易，所以，韵律游戏中的动作要尽量简单、生动直观，易于幼儿的模仿和学习。
以单纯动作为主	小班幼儿擅长大的整体动作，如单一的动作和不频繁移动的动作。这和小班幼儿的生理特点有关，他们可以完成一些基本的舞步，如小碎步、小跑步、横移步、进退步等，能自由地运用四肢和躯干来做各种单一的动作，如勾、绷脚，屈、伸腿，从而认识人体的相关部位，力求节奏与动作的协调平稳。
持续时间短	由于身体发展的特点，小班幼儿特别好动，注意力易分散，而在相对强度较高的韵律游戏中，幼儿的注意力集中时间更加缩短，因此在进行韵律游戏时，时间不宜过长，适中的游戏时间可以让幼儿一直快乐地起舞。研究表明，小班幼儿韵律游戏时间安排在10~15分钟为宜。

三、模拟演练

教师提供活动准备材料：《噜啦啦洗洗澡》音频、教学课件、图谱、头饰道具等。要求如下：

（1）小组自主选择活动材料，尝试撰写活动方案，完成本领域尾页附录工作表单1《活动方案设计表》。

（2）以小组为单位，根据活动方案模拟试讲，完成本领域尾页附录工作表单2《幼儿园模拟试讲活动评课记录》。

四、反思

Q	小班韵律活动《噜啦啦洗洗澡》如何延伸至音乐活动区？请举例说明。

A

任务二　设计与编创户外音乐游戏《草地舞》

一、学习目标

☑ 掌握小班户外音乐游戏设计要点。
☑ 能够根据音乐素材设计与编创户外音乐游戏。
☑ 体验户外音乐游戏的快乐。

二、欣赏体验

（一）欣赏作品

3-11　歌曲《草地舞》

3-11　任务二知识点扫码自主学习

扫码欣赏歌曲《草地舞》，并回答以下问题。

引导问题：

尝试从词、曲等方面对作品进行赏析，并分析其对小班幼儿的价值。

（二）体验学习

观摩幼儿教师执教视频《草地舞》，完成户外音乐游戏方案。

3-11　教师执教视频《草地舞》

1. 完成工作表单：户外音乐游戏方案

游戏名称："草地舞"户外音乐游戏
游戏目标：
游戏材料：
游戏规则及玩法：

2. 回顾学习内容，阅读以下内容

户外音乐游戏的意义

在幼儿教育学家看来，游戏和音乐是幼儿比较喜欢的两个基本活动。把游戏和音乐密切地结合在一起，会促进幼儿身体和心灵的发展，对幼儿的健康发展产生十分重要的影响。幼儿园的户外活动本身就是为了让幼儿拥有良好的身体素质，让幼儿能够亲近自然并走进自然。在户外活动进行的过程中加入音乐游戏，会让幼儿参与活动的积极性和主动性得到全面提升。

三、模拟演练

以小组为单位，表演《草地舞》并模拟幼儿教师指导幼儿户外音乐游戏的场景。要求如下：

（1）分小组扮演角色，模拟幼儿教师指导幼儿户外音乐游戏场景，时间为 5~10 分钟。

（2）其余同学观摩后点评。

> Q1：在设计户外音乐游戏时，你认为应该注意些什么？

> Q2：如何指导幼儿进行户外音乐游戏？

四、反思

Q　你认为户外音乐游戏活动对幼儿还有哪些价值？

A

任务三　实施融入一日生活的音乐教育《多多喝水身体棒》

一、学习目标

☑ 掌握饮水活动音乐的特点。
☑ 能够选择符合中班幼儿需求的四季主题饮水活动音乐。
☑ 体验音乐融入饮水活动的快乐。

二、欣赏体验

（一）欣赏作品

3-12　扫码观看歌曲《多多喝水身体棒》

3-12　任务三知识点扫码自主学习

扫码欣赏歌曲《多多喝水身体棒》，并回答以下问题。
引导问题：
尝试从词、曲的各个方面对作品进行赏析，并分析其对小班幼儿的价值。

（二）体验学习

1. 自主搜集适合喝水活动的音乐，分析喝水活动音乐的特点
（1）搜集喝水活动音乐素材。
（2）思考：喝水活动音乐的特点。

2. 回顾学习内容，阅读以下内容

音乐在喝水活动中的运用	选择生动诙谐的童谣，有助于提高幼儿喝水活动的"趣味性"。民间流传的童谣内含经典的生活经验，富有画面感、操作性强，如《我爱喝水》《多多喝水身体棒》等。幼儿伴随欢畅有趣、朗朗上口的童谣，不仅能养成经常喝水的习惯，也能在轻松愉悦的氛围中感受到生活习惯养成活动的趣味性。

三、模拟演练

以小组为单位，自选主题音乐，模拟喝水活动。要求如下：
（1）分小组扮演角色，模拟幼儿教师指导幼儿喝水活动，时间为5~10分钟。
（2）其余同学观摩后点评。

➢ Q：教师在指导幼儿喝水活动时应该注意什么？

四、反思

| Q | 你认为音乐融入喝水活动对幼儿还有哪些价值？ |

A

请你根据教学进度对本模块的每个任务依次进行评价。

评价任务	评价内容	评价标准	自 评	互 评	师 评
模块一 任务一　设计与 组织韵律活动 《噜啦啦洗洗澡》	歌曲鉴赏	能够从词、曲方面鉴赏歌曲	☆☆☆☆☆	☆☆☆☆☆	☆☆☆☆☆
	歌曲表演	动作协调、流畅、富有美感和童趣地表演歌曲	☆☆☆☆☆	☆☆☆☆☆	☆☆☆☆☆
	方案设计	根据教案撰写评分标准评价	☆☆☆☆☆	☆☆☆☆☆	☆☆☆☆☆
	模拟试讲	根据模拟试讲评课标准评价	☆☆☆☆☆	☆☆☆☆☆	☆☆☆☆☆
	团队协作	成员配合默契，活动效果好	☆☆☆☆☆	☆☆☆☆☆	☆☆☆☆☆
模块一 任务二　设计与 编创户外音乐游 戏《草地舞》	作品欣赏	能够从词、曲方面赏析歌曲	☆☆☆☆☆	☆☆☆☆☆	☆☆☆☆☆
	户外音乐游戏 方案	符合幼儿接受能力	☆☆☆☆☆	☆☆☆☆☆	☆☆☆☆☆
	户外音乐游戏 指导	师幼互动良好，能根据幼儿 的需求适时、适度指导	☆☆☆☆☆	☆☆☆☆☆	☆☆☆☆☆
	团队协作	成员配合默契，活动效果好	☆☆☆☆☆	☆☆☆☆☆	☆☆☆☆☆
模块一 任务三　实施融 入一日生活的音 乐教育《多多喝 水身体棒》	作品欣赏	能够从词、曲方面赏析歌曲	☆☆☆☆☆	☆☆☆☆☆	☆☆☆☆☆
	喝水音乐选择	符合幼儿接受能力	☆☆☆☆☆	☆☆☆☆☆	☆☆☆☆☆
	喝水活动模拟	师幼互动良好	☆☆☆☆☆	☆☆☆☆☆	☆☆☆☆☆
	团队协作	成员配合默契，活动效果好	☆☆☆☆☆	☆☆☆☆☆	☆☆☆☆☆

模块二　中班四季主题音乐活动实践

任务一　设计与组织歌唱活动《小树叶》

一、学习目标

☑　了解中班幼儿歌唱能力的发展特点。

☑　能够准确、优美、有感情地范唱歌曲《小树叶》。

☑　能够依据幼儿歌唱能力，科学合理地设计歌曲《小树叶》活动方案。

☑　能够流畅地模拟、组织和实施歌唱活动。

二、欣赏体验

（一）欣赏作品

3-13　歌曲《小树叶》

3-13　任务一知识点扫码自主学习

扫码欣赏歌曲《小树叶》，并回答以下问题。
引导问题：
尝试从词、曲的各个方面对作品进行赏析，并分析其对中班幼儿的价值。

小 树 叶

1 = G 2/4

```
3  3  3  2  | 1  0  5  0  | 3  3  3  3  | 2  -  |
秋 风 起 来   啦,         秋 风 起 来   啦,
小    树 叶 沙   沙,      沙 沙 沙 沙   沙,

2     3  5  | 3  3  2   | 1·  6  | 1  -  |
小    树 叶   离 开 了    妈      妈,
它    在     勇 敢 地    说      话,

7·  7  | 7  7  6  5  | 6·  1  | 2  -  |
飘   呀  飘 呀 飘 向    哪      里?
春   天  春 天 我 会    回      来,

2     3  5  | 3  2  | 1  -  ‖
心    里     可 害   怕?
打    扮     树 妈   妈。
```

（二）体验学习

结合活动素材，在教师的带领下体验中班歌唱活动设计与组织的一般流程，尝试撰写活动方案。

1. 歌曲演唱

准确、优美、有感情地范唱歌曲《小树叶》。

2. 观看微课视频，完成活动方案设计

（1）通过微课学习，结合中班幼儿歌唱能力的特点和《3~6岁儿童学习与发展指南》中对中班艺术领域的要求，尝试撰写活动目标。

3-13　中班歌唱活动案例

_____

_____

_____

_____

_____

（2）分析微课中中班歌唱活动案例，并用思维导图来呈现。

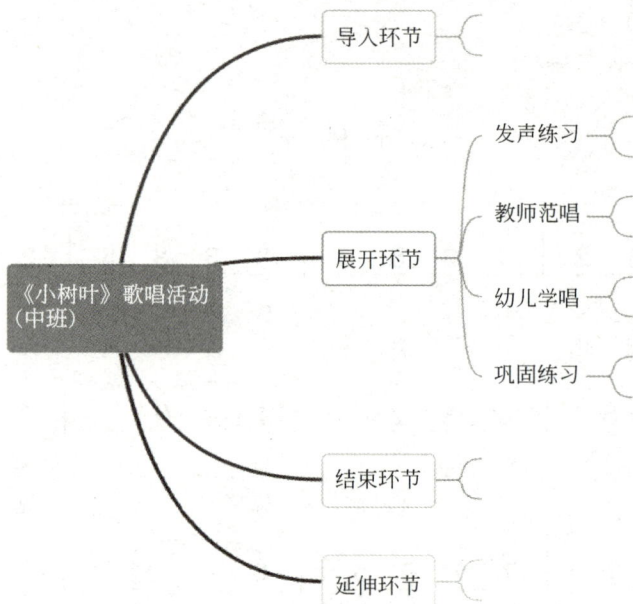

```
                        ┌──────────┐
                  ┌─────│ 导入环节  ├─
                  │     └──────────┘
                  │                     ┌──────────┐
                  │                  ┌──│ 发声练习  ├─
                  │                  │  └──────────┘
                  │                  │  ┌──────────┐
                  │                  ├──│ 教师范唱  ├─
┌──────────────┐  │     ┌──────────┐ │  └──────────┘
│《小树叶》歌唱活动├──┼─────│ 展开环节  ├─┤  ┌──────────┐
│   （中班）    │  │     └──────────┘ ├──│ 幼儿学唱  ├─
└──────────────┘  │                  │  └──────────┘
                  │                  │  ┌──────────┐
                  │                  └──│ 巩固练习  ├─
                  │                     └──────────┘
                  │     ┌──────────┐
                  ├─────│ 结束环节  ├─
                  │     └──────────┘
                  │     ┌──────────┐
                  └─────│ 延伸环节  ├─
                        └──────────┘
```

3. 回顾学习内容，阅读以下内容

中班幼儿歌唱能力的特点

歌词方面	中班幼儿掌握歌词的能力比小班幼儿有了进一步提高，一般能比较完整、准确地再现歌词，而且对歌词的听辨、理解、记忆和再现能力有了较大提高，唱错字、发错音的情况减少。
音域方面	中班幼儿唱歌的音域一般为c^1-b^1（C调的1-7），但幼儿个体之间音域的发展存在差异。
旋律方面	中班幼儿由于接触的歌曲日益增多，对旋律的感知、再认能力，以及对音准的把握能力有了一定提高。一般在乐器伴奏或成人的带领下，大多数幼儿能基本唱准旋律适宜的歌曲。
节奏方面	中班幼儿听觉分化能力得到提高，他们对歌曲节奏的把握和表现能力得到了较大发展。他们不仅掌握了四分音符、八分音符的歌曲节奏，还能够比较准确地再现二分音符的节奏，甚至再现带附点的节奏。
呼吸方面	中班幼儿对气息的控制能力进一步发展，能够逐步学会使用较长的气息，一般能够在教师的指导下学会按乐句和情绪的要求换气，任意中断句子、中断词义的换气现象较少。
合作协调性方面	中班幼儿随着集体歌唱活动经验增多，不仅能够比较协调地参与集体歌唱，注意在速度、力度、音色和表情等方面与集体一致，还能协调地进行分唱和齐唱等。

三、模拟演练

教师提供活动准备材料：《小树叶》音频、教学课件、图谱、头饰道具等。要求如下：

（1）小组自主选择活动材料，尝试撰写活动方案，完成本领域尾页附录工作表单1《活动方案设计表》。

（2）以小组为单位，根据活动方案模拟试讲，完成本领域尾页附录工作表单2《幼儿园模拟试讲活动评课记录》。

四、反思

Q	中班歌唱活动《小树叶》如何延伸至区域活动？请举例说明。
	A

任务二　设计与编创户外音乐游戏《捉泥鳅》

一、学习目标

☑ 掌握中班户外音乐游戏设计要点。
☑ 能够根据音乐素材设计与编创户外音乐游戏。
☑ 体验户外音乐游戏的快乐。

二、欣赏体验

（一）欣赏作品

3-14　歌曲《捉泥鳅》

3-14　任务二知识点扫码自主学习

扫码欣赏歌曲《捉泥鳅》，并回答以下问题。

引导问题：

尝试从词、曲等方面对作品进行赏析，并分析其对中班幼儿的价值。

（二）体验学习

观摩幼儿教师执教视频《捉泥鳅》，完成户外音乐游戏方案。

3-14　教师执教视频《捉泥鳅》

1. 完成工作表单：户外音乐游戏方案

游戏名称："捉泥鳅"户外音乐游戏
游戏目标：
游戏材料：
游戏规则及玩法：

2. 回顾学习内容，阅读以下内容

户外音乐游戏的内容和主题

有主题的 音乐游戏	这类音乐游戏一般有一定的内容、情节和角色。幼儿根据游戏中的角色模仿一定的形象，完成一定的动作。例如，"捉泥鳅"表现了孩子们雨停后去池塘里捉泥鳅的情境，孩子们最后用渔网捉住了泥鳅。幼儿可以扮演渔网和泥鳅，随音乐游戏。
无主题的 音乐游戏	这类游戏一般没有情节，只是随音乐做动作，相当于律动或律动组合，但动作带有一定的游戏性，即含有游戏的规则。例如，"抢椅子"的游戏，参与者只是随乐自由地做动作，但是音乐停了，必须坐到椅子上才能获胜。

三、模拟演练

以小组为单位，模拟幼儿教师指导中班幼儿户外音乐游戏的场景。要求如下：
（1）分小组扮演角色，模拟幼儿教师指导幼儿户外音乐游戏场景，时间为 5~10 分钟。
（2）其余同学观摩后点评。

> Q1：在设计中班户外音乐游戏时，你认为应该注意些什么？

> Q2：如何指导中班幼儿进行户外音乐游戏？

四、反思

Q　　你认为户外音乐游戏活动对幼儿还有哪些价值？

A

任务三　实施融入一日生活的音乐活动《秋日私语》

一、学习目标

☑ 掌握睡眠活动音乐的特点。

☑ 能够选择符合中班幼儿需求的四季主题睡眠活动音乐。

☑ 体验探索音乐融入睡眠活动的快乐。

二、欣赏体验

（一）欣赏作品

3-15　音乐《秋日私语》

3-15　任务三知识点扫码自主学习

扫码欣赏音乐《秋日私语》，并回答以下问题。

引导问题：

尝试从节奏、旋律等各个方面对作品进行赏析，并分析其对中班幼儿的价值。

（二）体验学习

1. 自主搜集适合幼儿睡眠活动的音乐，分析睡眠活动音乐的特点

（1）搜集四季主题睡眠活动音乐素材。

（2）思考：睡眠活动音乐的特点。

_____

_____

_____

_____

_____

2. 回顾学习内容，阅读以下内容

音乐在睡眠活动中的运用	午睡是幼儿听故事和音乐的时间，幼儿常常在充满奇趣的故事和优美的音乐中进入梦乡。教师要做的重要工作就是保证幼儿的睡眠质量，除了给幼儿盖好被子，观察幼儿的身体情况外，教师应选择有一定故事情节的音乐进行播放，音乐要有童话感，要能够让幼儿产生美好的想象，利于其睡眠。慢速音乐和经典童话类音乐故事比较适合在午睡时播放。 　　在起床环节，幼儿刚刚从睡梦中醒来，通常动作比较缓慢，整个状态处在半梦半醒之间。所以，为尽快让幼儿清醒，进行下一个环节活动，教师需要通过节奏感较强的、活泼欢快的起床音乐来进行辅助。进行曲音乐和动感活泼的音乐比较适合，且音乐不宜经常更换，以培养幼儿听觉上的熟悉感。

三、模拟演练

以小组为单位，自选主题音乐，模拟睡眠活动。要求如下：

（1）分小组扮演角色，模拟幼儿教师指导幼儿睡眠活动，时间为 5~10 分钟。

（2）其余同学观摩后点评。

> ➤ Q：教师在指导幼儿睡眠活动时，应该注意什么？

四、反思

| Q | 你认为音乐融入睡眠活动对幼儿还有哪些价值？ |

A

请你根据教学进度对本模块的每个任务依次进行评价。

评价任务	评价内容	评价标准	自 评	互 评	师 评
模块二 任务一 设计与 组织歌唱活动 《小树叶》	歌曲鉴赏	能够从词、曲方面鉴赏歌曲	☆☆☆☆☆	☆☆☆☆☆	☆☆☆☆☆
	歌曲范唱	能够准确、优美、有感情地范唱歌曲	☆☆☆☆☆	☆☆☆☆☆	☆☆☆☆☆
	方案设计	根据教案撰写评分标准评价	☆☆☆☆☆	☆☆☆☆☆	☆☆☆☆☆
	模拟试讲	根据模拟试讲评课标准评价	☆☆☆☆☆	☆☆☆☆☆	☆☆☆☆☆
	团队协作	成员配合默契，活动效果好	☆☆☆☆☆	☆☆☆☆☆	☆☆☆☆☆
模块二 任务二 设计与 编创户外音乐游 戏《捉泥鳅》	作品欣赏	能够从词、曲方面赏析歌曲	☆☆☆☆☆	☆☆☆☆☆	☆☆☆☆☆
	户外音乐游戏 方案	符合幼儿接受能力	☆☆☆☆☆	☆☆☆☆☆	☆☆☆☆☆
	户外音乐游戏 指导	师幼互动良好，能根据幼儿 的需求适时、适度指导	☆☆☆☆☆	☆☆☆☆☆	☆☆☆☆☆
	团队协作	成员配合默契，活动效果好	☆☆☆☆☆	☆☆☆☆☆	☆☆☆☆☆
模块二 任务三 实施 融入一日生活 的音乐活动 《秋日私语》	作品欣赏	能够从词、曲方面赏析歌曲	☆☆☆☆☆	☆☆☆☆☆	☆☆☆☆☆
	睡眠音乐选择	符合幼儿接受能力	☆☆☆☆☆	☆☆☆☆☆	☆☆☆☆☆
	睡眠活动模拟	师幼互动良好	☆☆☆☆☆	☆☆☆☆☆	☆☆☆☆☆
	团队协作	成员配合默契，活动效果好	☆☆☆☆☆	☆☆☆☆☆	☆☆☆☆☆

模块三　大班四季主题音乐活动实践

任务一　设计与组织音乐欣赏活动《春之声》

一、学习目标

☑ 掌握大班幼儿音乐欣赏能力的发展特点。

☑ 能够依据幼儿音乐欣赏能力发展水平，科学合理地设计活动方案。

☑ 能够流畅地模拟、组织和实施音乐欣赏活动。

二、欣赏体验

（一）欣赏作品

3-16　音乐《春之声》

3-16　任务一知识点扫码自主学习

3-16　大班音乐欣赏活动案例

扫码欣赏音乐《春之声》，并回答以下问题。

引导问题：

尝试从节拍、节奏、旋律等方面对作品进行赏析，并分析其对大班幼儿的价值。

（二）体验学习

结合活动素材，在教师的带领下体验大班音乐欣赏活动设计与组织的一般流程，尝试撰写活动方案。

1. 观看微课视频，完成活动方案设计

（1）通过微课学习，结合大班幼儿音乐欣赏能力的特点和《3~6岁儿童学习与发展指南》中对大班艺术领域的要求，尝试撰写活动目标。

_____

_____

_____

_____

_____

（2）分析微课中大班音乐欣赏活动案例，并用思维导图来呈现。

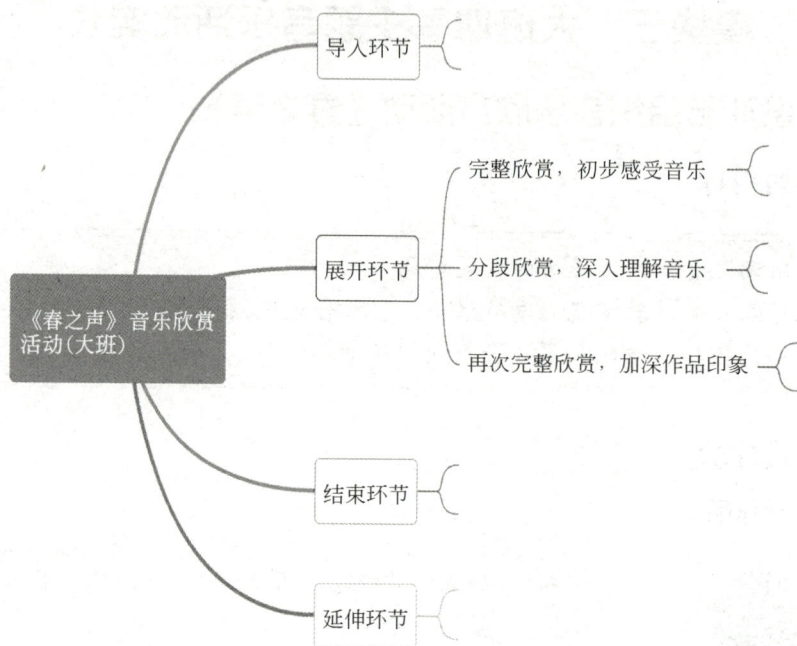

导入环节

完整欣赏，初步感受音乐

《春之声》音乐欣赏
活动（大班）

展开环节

分段欣赏，深入理解音乐

再次完整欣赏，加深作品印象

结束环节

延伸环节

2. 回顾学习内容，阅读以下内容

大班幼儿音乐欣赏能力的发展特点

听辨音乐的能力	大班幼儿音乐欣赏水平、感受能力有了更大的进步。随着音乐经验的不断丰富和积累，他们的听辨能力不断增强。他们能够感知音乐作品中的细节部分，而且能感受较为复杂的器乐曲在结构、音色和情绪风格上的细微差别。他们对力度、速度的感知更细腻，表现力更丰富；对唱片或录音中的男声、女声和童声，也能有所区别，还能区分一些熟悉的乐器音色或伴奏乐器。
理解音乐的能力	大班幼儿对纯乐曲的理解能力进一步增强，能在清楚辨别音乐作品速度、力度、音色、节奏等表现手段变化的过程中进行大胆的想象、联想，并找出充分的理由。他们常用语言来表达对音乐的理解，并能结合想象和联想用较完整的语言或一定的故事情节来描述音乐。
表现音乐的能力	大班幼儿表现音乐的能力增强，主动性和积极性更高。他们不仅能直接用语言来表达对音乐的情绪体验和感受，还能通过身体动作、演唱、图片再现等多种方式表达感受。他们在用动作表现音乐时，已经完全能与音乐一致，并能在动作中体现出二拍子和三拍子音乐的节拍重音，同时对随乐肢体动作表现出热情和兴趣。

三、模拟演练

教师提供活动准备材料：《春之声》音频、教学课件、图谱等道具。要求如下：

（1）小组自主选择活动材料，尝试撰写活动方案，完成本领域尾页附录工作表单1《活动方案设计表》。

（2）以小组为单位，根据活动方案模拟试讲，完成本领域尾页附录工作表单2《幼儿园模拟试讲活动评课记录》。

四、反思

> **Q**　大班音乐欣赏活动《春之声》如何延伸至区域活动？请举例说明。

> **A**

任务二　设计与编创区域游戏《春之声》

一、学习目标

☑ 掌握大班幼儿区域游戏的指导要点。
☑ 能够根据音乐素材设计与编创音乐游戏。
☑ 体验音乐游戏表演的快乐。

二、欣赏体验

（一）欣赏作品

3-17　任务二知识点扫码自主学习

再次观摩幼儿音乐欣赏活动，并回答以下问题。
引导问题：
围绕该作品可以开展哪些区域游戏？

（二）体验学习

结合学习素材及大班幼儿的年龄特点尝试设计区域游戏。

1. 完善区域游戏方案

游戏名称：《春之声》配乐故事讲述游戏
游戏目标：倾听音乐，欣赏与歌曲匹配的画面，用简单且富有感情的语言讲述故事
游戏材料：春天主题的绘本、图片等
游戏方法：

游戏名称：随乐作画游戏
游戏目标：用作画的形式表达对音乐的感受
游戏材料：彩笔、卡纸等
游戏方法：用色彩、线条表现音乐

续表

游戏名称：彩带舞
游戏目标：能够运用色彩配合身体律动表现对音乐的感受
游戏材料：彩带或彩球
游戏方法：

2. 回顾学习内容，阅读以下内容

音乐与绘画、语言的关系

音乐与绘画的关系	音乐和绘画有较密切的亲族关系，表现内心生活在两门艺术中都占较大比重，绘画可以越过边境进入音乐的领域。例如，在《森林音乐会》的音乐下，教师可以引导幼儿"画音乐"，让他们把听到和想到的东西画出来。
音乐与语言的关系	在音乐活动中引导幼儿运用儿童化、形象化的语言，能激发他们欣赏乐曲的兴趣，奠定他们与乐曲情绪产生共鸣的感情基础。讲述故事就是一种语言参与。将乐曲的题材内容变成形象的、具有感染力的故事形式，既创设了情景，又大大增强了幼儿欣赏音乐的愿望，同时还锻炼了幼儿的语言表达能力。

三、模拟演练

以小组为单位，轮流汇报并展示编创的区域游戏。要求如下：
（1）听课同学为小组点评。
（2）完善区域游戏方案。

> Q1：在设计区域游戏时，你认为应该注意些什么？

> Q2：如何指导幼儿进行区域游戏？

四、反思

Q　你认为区域游戏活动对幼儿还有哪些价值？

A

任务三 实施融入一日生活的音乐教育《听我说》

一、学习目标

☑ 掌握早操活动音乐的特点。
☑ 能够选择符合中班幼儿需求的四季主题早操活动音乐。
☑ 体验探索音乐融入早操活动的快乐。

二、欣赏体验

（一）欣赏作品

3-18 歌曲《听我说》

3-18 任务三知识点扫码自主学习

扫码欣赏歌曲《听我说》，并回答以下问题。

引导问题：

尝试从词、曲等各个方面对作品进行赏析，并分析其对大班幼儿的价值。

（二）体验学习

1. 自主搜集适合幼儿早操活动的音乐，分析早操活动音乐的特点

（1）搜集"四季"主题早操活动音乐素材。

（2）思考：早操活动音乐的特点。

_____

_____

_____

_____

_____

_____

2. 回顾学习内容，阅读以下内容

音乐在早操活动中的运用	一年之计在于春，一日之计在于晨。在上午的户外活动中，教师可以组织音乐律动活动，为幼儿提供充分活动的机会，增强幼儿身体的适应和抵抗能力，调动幼儿参与运动的积极性。这个环节适合选择动感较强、节奏感较鲜明的律动音乐，并结合集体音乐教育活动的内容进行延伸和拓展。 　大班是幼小衔接的转折期，大班幼儿学习能力更强，自我控制能力、创造欲望及体能相对较强。早操时间一般为 12 分钟，选择的音乐内容、节奏可以稍微复杂，速度可以忽快忽慢，如《中国功夫》清晰的歌词、松到紧再到松的节奏，有助于教师真正做到寓教于乐。

三、模拟演练

以小组为单位，自选主题音乐，创编并展示早操活动。

> Q：教师在指导幼儿早操活动时应该注意什么？

四、反思

Q 你认为将音乐应用于早操活动对幼儿还有哪些价值？

A

请你根据教学进度对本模块的每个任务依次进行评价。

评价任务	评价内容	评价标准	自 评	互 评	师 评
模块三 任务一 设计与 组织音乐欣赏活 动《春之声》	歌曲赏析	能够从节奏、旋律等方面赏析歌曲	☆☆☆☆☆	☆☆☆☆☆	☆☆☆☆☆
	方案设计	根据教案撰写评分标准评价	☆☆☆☆☆	☆☆☆☆☆	☆☆☆☆☆
	模拟试讲	根据模拟试讲评课标准评价	☆☆☆☆☆	☆☆☆☆☆	☆☆☆☆☆
	团队协作	成员配合默契，活动效果好	☆☆☆☆☆	☆☆☆☆☆	☆☆☆☆☆
模块三 任务二 设计与 编创区域游戏 《春之声》	作品鉴赏	能够从词、曲方面鉴赏歌曲	☆☆☆☆☆	☆☆☆☆☆	☆☆☆☆☆
	音乐游戏设计	符合幼儿接受能力	☆☆☆☆☆	☆☆☆☆☆	☆☆☆☆☆
	音乐游戏表演	动作熟练，具有表现力	☆☆☆☆☆	☆☆☆☆☆	☆☆☆☆☆
	团队协作	成员配合默契，活动效果好	☆☆☆☆☆	☆☆☆☆☆	☆☆☆☆☆
模块三 任务三 实施融 入一日生活的音 乐教育《听我说》	作品欣赏	能够从词、曲方面赏析歌曲	☆☆☆☆☆	☆☆☆☆☆	☆☆☆☆☆
	早操音乐选择	符合幼儿接受能力	☆☆☆☆☆	☆☆☆☆☆	☆☆☆☆☆
	早操活动展示	师幼互动良好	☆☆☆☆☆	☆☆☆☆☆	☆☆☆☆☆
	团队协作	成员配合默契，活动效果好	☆☆☆☆☆	☆☆☆☆☆	☆☆☆☆☆

附　录

工作表单 1：

姓名＿＿＿＿＿＿
组号＿＿＿＿＿＿
综合评分＿＿＿＿

活动方案设计表

活动名称	
活动目标	
活动重难点	
活动准备	
活动过程	
活动延伸	

工作表单 1:

姓名_____
组号_____
综合评分_____

活动方案设计表

活动名称	
活动目标	
活动重难点	
活动准备	
活动过程	
活动延伸	

姓名_____
组号_____
综合评分_____

工作表单 1:

活动方案设计表

活动名称	
活动目标	
活动重难点	
活动准备	
活动过程	
活动延伸	

工作表单 1:

姓名_____
组号_____
综合评分_____

活动方案设计表

活动名称	
活动目标	
活动重难点	
活动准备	
活动过程	
活动延伸	

工作表单 1:

活动方案设计表

活动名称	
活动目标	
活动重难点	
活动准备	
活动过程	
活动延伸	

工作表单 1：

姓名_____
组号_____
综合评分_____

活动方案设计表

活动名称	
活动目标	
活动重难点	
活动准备	
活动过程	
活动延伸	

工作表单 2：

幼儿园模拟试讲活动评课记录				班级：		

组　别		课题（教学内容）		涉及领域		
执教者		听课时间		年　月　日星期　（上、下午）		

评　课　量　表		评价等级（打"√"）			
		优秀	良好	合格	不合格
活动目标	1. 三维目标明确				
	2. 符合幼儿年龄特点及认知发展规律、难易适中				
活动准备	1. 准备充分，提供丰富多彩的教学情境，发挥信息技术作用				
	2. 材料准备与环境创设能为完成目标服务				
活动过程	1. 教态自然大方，富有感染力、亲和力				
	2. 普通话标准，语言简练、儿童化，提问富有启发性				
	3. 活动设计符合教学内容实际，能激发幼儿兴趣，满足幼儿学习需要				
	4. 活动设计脉络清晰、层层递进				
	5. 领域特色突出且注重领域间融合				
	6. 了解幼儿，预设充分，善于引导，课堂调控能力强				
	7. 教学方法与手段灵活多样，富有艺术性				
	8. 尊重幼儿，保护幼儿自尊心，培养自信心				
活动效果	1. 幼儿知识、技能、情感态度得到提高				
	2. 每个幼儿都得到关注				
	3. 活动氛围宽松、民主，幼儿参与积极主动				
	4. 活动过程中充分体现幼儿主体性，幼儿能主动探究，合作交流				
	5. 幼儿有充分提问和思考的时间				
活动建议					

工作表单 2：

幼儿园模拟试讲活动评课记录					班级：	
组　别		课题 （教学内容）			涉及领域	
执教者		听课时间		年　　月　　日星期　　（上、下午）		

评 课 量 表		评价等级（打"√"）			
		优秀	良好	合格	不合格
活动目标	1. 三维目标明确				
	2. 符合幼儿年龄特点及认知发展规律、难易适中				
活动准备	1. 准备充分，提供丰富多彩的教学情境，发挥信息技术作用				
	2. 材料准备与环境创设能为完成目标服务				
活动过程	1. 教态自然大方，富有感染力、亲和力				
	2. 普通话标准，语言简练、儿童化，提问富有启发性				
	3. 活动设计符合教学内容实际，能激发幼儿兴趣，满足幼儿学习需要				
	4. 活动设计脉络清晰、层层递进				
	5. 领域特色突出且注重领域间融合				
	6. 了解幼儿，预设充分，善于引导，课堂调控能力强				
	7. 教学方法与手段灵活多样，富有艺术性				
	8. 尊重幼儿，保护幼儿自尊心，培养自信心				
活动效果	1. 幼儿知识、技能、情感态度得到提高				
	2. 每个幼儿都得到关注				
	3. 活动氛围宽松、民主，幼儿参与积极主动				
	4. 活动过程中充分体现幼儿主体性，幼儿能主动探究，合作交流				
	5. 幼儿有充分提问和思考的时间				
活动建议					

工作表单 2:

幼儿园模拟试讲活动评课记录					班级:	

组　别		课题 （教学内容）		涉及领域	
执教者		听课时间	年　月　日星期　（上、下午）		

评　课　量　表		评价等级（打"√"）			
		优秀	良好	合格	不合格
活动目标	1. 三维目标明确				
	2. 符合幼儿年龄特点及认知发展规律、难易适中				
活动准备	1. 准备充分，提供丰富多彩的教学情境，发挥信息技术作用				
	2. 材料准备与环境创设能为完成目标服务				
活动过程	1. 教态自然大方，富有感染力、亲和力				
	2. 普通话标准，语言简练、儿童化，提问富有启发性				
	3. 活动设计符合教学内容实际，能激发幼儿兴趣，满足幼儿学习需要				
	4. 活动设计脉络清晰、层层递进				
	5. 领域特色突出且注重领域间融合				
	6. 了解幼儿，预设充分，善于引导，课堂调控能力强				
	7. 教学方法与手段灵活多样，富有艺术性				
	8. 尊重幼儿，保护幼儿自尊心，培养自信心				
活动效果	1. 幼儿知识、技能、情感态度得到提高				
	2. 每个幼儿都得到关注				
	3. 活动氛围宽松、民主，幼儿参与积极主动				
	4. 活动过程中充分体现幼儿主体性，幼儿能主动探究，合作交流				
	5. 幼儿有充分提问和思考的时间				
活动建议					

工作表单 2：

幼儿园模拟试讲活动评课记录					班级：		

组　别		课题（教学内容）			涉及领域		
执教者		听课时间		年　　月　　日星期　　（上、下午）			

评 课 量 表			评价等级（打"√"）			
			优秀	良好	合格	不合格
活动目标	1. 三维目标明确					
	2. 符合幼儿年龄特点及认知发展规律、难易适中					
活动准备	1. 准备充分，提供丰富多彩的教学情境，发挥信息技术作用					
	2. 材料准备与环境创设能为完成目标服务					
活动过程	1. 教态自然大方，富有感染力、亲和力					
	2. 普通话标准，语言简练、儿童化，提问富有启发性					
	3. 活动设计符合教学内容实际，能激发幼儿兴趣，满足幼儿学习需要					
	4. 活动设计脉络清晰、层层递进					
	5. 领域特色突出且注重领域间融合					
	6. 了解幼儿，预设充分，善于引导，课堂调控能力强					
	7. 教学方法与手段灵活多样，富有艺术性					
	8. 尊重幼儿，保护幼儿自尊心，培养自信心					
活动效果	1. 幼儿知识、技能、情感态度得到提高					
	2. 每个幼儿都得到关注					
	3. 活动氛围宽松、民主，幼儿参与积极主动					
	4. 活动过程中充分体现幼儿主体性，幼儿能主动探究，合作交流					
	5. 幼儿有充分提问和思考的时间					
活动建议						

工作表单 2：

幼儿园模拟试讲活动评课记录					班级：		
组　别		课题 （教学内容）		涉及领域			
执教者		听课时间		年　　月　　日星期　（上、下午）			
评 课 量 表			评价等级（打"√"）				
			优秀	良好	合格	不合格	
活动目标	1. 三维目标明确						
	2. 符合幼儿年龄特点及认知发展规律、难易适中						
活动准备	1. 准备充分，提供丰富多彩的教学情境，发挥信息技术作用						
	2. 材料准备与环境创设能为完成目标服务						
活动过程	1. 教态自然大方，富有感染力、亲和力						
	2. 普通话标准，语言简练、儿童化，提问富有启发性						
	3. 活动设计符合教学内容实际，能激发幼儿兴趣，满足幼儿学习需要						
	4. 活动设计脉络清晰、层层递进						
	5. 领域特色突出且注重领域间融合						
	6. 了解幼儿，预设充分，善于引导，课堂调控能力强						
	7. 教学方法与手段灵活多样，富有艺术性						
	8. 尊重幼儿，保护幼儿自尊心，培养自信心						
活动效果	1. 幼儿知识、技能、情感态度得到提高						
	2. 每个幼儿都得到关注						
	3. 活动氛围宽松、民主，幼儿参与积极主动						
	4. 活动过程中充分体现幼儿主体性，幼儿能主动探究，合作交流						
	5. 幼儿有充分提问和思考的时间						
活动建议							

工作表单 2：

幼儿园模拟试讲活动评课记录				班级：			
组　别		课题 （教学内容）		涉及领域			
执教者		听课时间		年　　月　　日星期　　（上、下午）			
评 课 量 表			评价等级（打"√"）				
			优秀	良好	合格	不合格	
活动目标	1. 三维目标明确						
	2. 符合幼儿年龄特点及认知发展规律、难易适中						
活动准备	1. 准备充分，提供丰富多彩的教学情境，发挥信息技术作用						
	2. 材料准备与环境创设能为完成目标服务						
活动过程	1. 教态自然大方，富有感染力、亲和力						
	2. 普通话标准，语言简练、儿童化，提问富有启发性						
	3. 活动设计符合教学内容实际，能激发幼儿兴趣，满足幼儿学习需要						
	4. 活动设计脉络清晰、层层递进						
	5. 领域特色突出且注重领域间融合						
	6. 了解幼儿，预设充分，善于引导，课堂调控能力强						
	7. 教学方法与手段灵活多样，富有艺术性						
	8. 尊重幼儿，保护幼儿自尊心，培养自信心						
活动效果	1. 幼儿知识、技能、情感态度得到提高						
	2. 每个幼儿都得到关注						
	3. 活动氛围宽松、民主，幼儿参与积极主动						
	4. 活动过程中充分体现幼儿主体性，幼儿能主动探究，合作交流						
	5. 幼儿有充分提问和思考的时间						
活动建议							

工作领域四

儿童音乐绘本剧的创排

单元一　儿童音乐绘本剧的排演训练法

模块一　学习剧目音乐的律动训练技巧

任务一　掌握音乐律动的节奏控制力训练

一、学习目标

☑ 掌握剧目音乐的节奏控制训练法。
☑ 能够运用律动节奏表现速度（快、慢）、空间（高、低）。
☑ 感受绘本剧中音乐的旋律并体验肢体控制的乐趣。

二、观摩体验

（一）观摩视频

4-1　扫码观看视频《过猴山》

4-1　任务一知识点扫码自主学习

　　阅读绘本《过猴山》并观看视频，了解节奏控制训练法在剧目音乐绘本剧《过猴山》中的应用，回答以下问题。
　　引导问题：
　　儿童在剧目音乐中肢体控制的变化都有哪些？举例说明。

概　念　释　义

　　【节奏控制训练】是音乐律动的重要组成部分，学习节奏控制可以提升肢体控制能力、节奏感、空间感，有助于提升幼儿的手眼协调。在体验学习环节通过音乐感受、音乐游戏、肢体控制训练三部分认识肢体训练法，剧本实训部分将所学训练法运用到剧目中，从而达到活学活用的效果。

（二）体验学习

　　结合活动素材，在教师的带领下体验小班音乐绘本剧——《过猴山》片段，并感受节奏控制训练法在剧目音乐中的乐趣。实训步骤如下。
　　1. 表达音乐感受
　　倾听奥尔夫音乐《沙沙沙》表达感受，并根据要求打节奏。

2. 音乐游戏

倾听奥尔夫音乐《开始和停止》，感受音乐节奏与肢体控制的关系。

3. 肢体控制实训

在教师的带领下进行木偶训练、肢体控制慢节奏训练。

4. 剧本实训

（1）观看动画片《过猴山》视频，并根据教师的要求进行模仿。

（2）体验音乐剧本——跟随奥尔夫音乐《开始和停止》进行肢体控制训练。

（3）分组训练——8~10人一组（旁白2人、群猴6~8人），分组训练《过猴山》片段二"老汉睡觉"、片段三"猴子偷酒"。

（4）剧本片段展示——各小组进行剧本片段展示，其他小组进行点评。

5. 活动收尾

教师对各组表演实际情况进行点评与总结。

小班音乐绘本剧《过猴山》剧本片段

片段一：快乐的猴山

旁白：有一年的夏天，天气非常炎热，火辣辣的太阳烤着大地，树上的叶子也被热得一动不动，在远处的大山深处，有一片茂密的树林，一群猴子在大树之间做游戏……

（播放奥尔夫音乐《围个小圈圈》，众猴手拉手玩游戏。）

片段二：老汉睡觉

旁白：老汉因为太热、太困了，于是找了一棵阴凉树，在树下躺下就呼呼大睡起来。远处的小猴子们发现老汉带了好多草帽，顽皮的小猴子们便打起了草帽的主意……

（播放奥尔夫音乐《开始和停止》：小猴子们慢慢向老汉走近，根据音乐节奏行走，音乐停顿时，小猴子跟着停顿，转头看老汉，害怕老汉醒来。）

片段三：猴子偷酒

旁白：老汉想要回帽子，但是小猴子们不给，还学老汉的语气和声音，这让老汉更生气啦，"竟然学我？"哎？老汉拍了一下脑袋，忽然有主意了。他把身上的两个酒葫芦解了下来，躺在树荫下面，把一个酒葫芦打开，闻了一下，香喷喷的，一仰头喝了个精光，又呼呼睡起觉来。小猴子们一看，心想："什么东西这么香？"便闻着味道围到老汉身边，把另一个酒葫芦打开一闻，就是这个味！小猴子们围成一圈高兴地尝了起来……

（播放奥尔夫音乐《开始和停止》：小猴子们慢慢传酒喝，根据音乐节奏传递酒葫芦，转头看老汉，害怕老汉醒来。）

三、模拟演练

1. 小组讨论

各小组根据以上活动内容讨论人员的分配与实施要点，并进行实操演练的准备。

2. 实操演练

各小组进一步完善绘本音乐剧《过猴山》片段三的角色演绎。

> Q1：你还能想到其他适合训练幼儿节奏控制力的音乐吗？举例说明。

> Q2：选择不同的有声教具，如沙锤、响指等，给剧中不同角色的动作搭配有趣的音效吧。

四、反思

| Q | 你觉得肢体控制训练对提高幼儿手眼协调性有帮助吗？为什么？ |

A

任务二　掌握音乐律动的想象感受力训练

一、学习目标

☑ 掌握剧目音乐的想象感受力训练法。
☑ 能够通过不同的音乐律动感判断不同角色的外部形态并加以模仿。
☑ 感受绘本剧中音乐的不同旋律并体验想象的乐趣。

二、观摩体验

（一）观摩视频

4-2　扫码观看《是谁嗯嗯在我头上》

4-2　任务二知识点扫码自主学习

　　阅读绘本《是谁嗯嗯在我头上》并扫码观看音乐绘本剧《是谁嗯嗯在我头上》视频片段，了解想象感受力训练在剧目音乐中的应用，回答以下问题。

引导问题：

儿童在音乐中是通过什么方法做肢体律动的？

概念释义

【想象感受力训练法】是音乐律动的重要组成部分，通过学习想象感受力，可以激发对角色的外部形态认知，帮助儿童更好的模仿及呈现。在体验学习环节通过音乐游戏带入，让儿童对想象感受力有一个浅表的认识；再通过倾听不同的乐曲、教具声音等方式，体会想象感受力在音乐中的重要性；最后通过剧目实训夯实所学内容。

（二）体验学习

结合活动素材，在教师的带领下体验中班音乐绘本剧——《是谁嗯嗯在我头上》片段，并体验想象感受力在剧目音乐中的乐趣。实训步骤如下。

1. 音乐游戏

倾听奥尔夫音乐《猜猜现在谁出场》，根据音乐中不同的动物进行肢体及声音的模仿。

2. 想象感受力训练

（1）音乐节奏训练——倾听奥尔夫音乐《大象和小鸟》，感受并表达音乐中出现的不同节奏变化。

（2）了解不同音乐教具的特点、用途（木鱼、响板、双响筒、三角铁等）。

（3）音乐想象训练——倾听奥尔夫音乐《动物音乐会》，体验想象力与音乐的融合。

（4）音乐感受训练——以小组为单位感受音乐《五只猴子吃香蕉》中歌词内容，并进行肢体编创。

3. 剧本实训

（1）肢体模仿训练——运用肢体掌握观察模仿能力（小鸟、小兔、小羊、小马、小猪、小狗）。

（2）感受不同的音乐旋律，进行动物的动作想象模仿。

4. 活动收尾

教师提问，总结实训内容。

中班音乐绘本剧《是谁嗯嗯在我头上》音乐律动曲目

奥尔夫音乐《两只小鸟》	歌曲《一只哈巴狗》
奥尔夫音乐《小小马儿》	儿歌《小白兔白又白》
歌曲《别看我只是一只羊》	歌曲《猪之歌》

三、模拟演练

1. 小组讨论

各小组根据以上活动内容讨论人员的分配与实施要点，并进行实操演练的准备。

2. 实操演练

各小组进一步完善音乐绘本剧《是谁嗯嗯在我头上》中其他音乐作品的呈现。

> Q1：你还能想到其他适合训练幼儿想象感受力的音乐吗？举例说明。

> Q2：选择不同的有声教具，如沙锤、木鱼等，给剧中不同角色的动作搭配有趣的音效吧。

四、反思

| Q | 你觉得音乐的想象感受力训练对提高幼儿感统能力有帮助吗？为什么？ |

A

任务三　掌握音乐律动的外部创造力训练

一、学习目标

☑ 掌握剧目音乐的外部创造力训练法。
☑ 能够较为细腻地用肢体、表情、声音模仿音乐中事物的动态过程。
☑ 感受绘本剧中音乐的不同旋律并体验肢体创造的乐趣。

二、观摩体验

（一）观摩视频

4-3　扫码观看《小红帽》片段

4-3　任务三知识点扫码自主学习

阅读绘本《小红帽》并扫码观看音乐绘本剧《小红帽》视频片段，了解外部创造力训练在剧目音乐律动中的应用，回答以下问题。

引导问题：

你认为儿童外部创造力的呈现是否需要内在感受？为什么？

概 念 释 义

【外部创造力训练法】是音乐律动的重要组成部分，情动于内而形于外，外部创造力首先基于内在想象、感受，再通过外在的肢体进行创造。在创造过程中，外部使用方法可以通过声音、面部表情、形体动作进行动态表达，从而形成创造力的过程。在体验学习环节，通过音乐感受、肢体创造、律动创意、空间动作创意训练由内而外进行完整的训练，最后通过剧目实训检验训练效果。

（二）体验学习

结合活动素材，在教师的带领下体验大班音乐绘本剧——《小红帽》片段，并体验外部创造力在剧目音乐中的乐趣。实训步骤如下。

1. 音乐感受训练

感受音乐《森林狂想曲》的旋律，想象画面，小组讨论，将想象的画面呈现在白纸上并且进行表达。

2. 音乐创造力训练

（1）肢体创造训练——在舞台上根据音乐《开始和停止》的节奏随意行走，根据教师口令进行肢体变化。

（2）律动创意训练——围成大圈，理解《两只老虎》歌词，并创作动作，共同跳舞。

（3）空间动作创意训练——根据音乐旋律，每句变换一个动作，肢体动作在符合音乐基调的基础上随意编创。

3. 剧目音乐实训

（1）倾听《小红帽》故事，分组讨论角色关系。

（2）根据《小红帽》音乐旋律，分组讨论并创编内容。

（3）各小组进行片段展示。

4. 活动收尾

教师提问，总结实训内容。

大班音乐绘本剧《小红帽》音乐律动片段

我独自走在郊外的小路上，
我把糕点带给外婆尝一尝。
她家住在又远又僻静的地方，
我要当心附近是否有大灰狼。
当太阳下山岗，
我就要回家，
同妈妈一起进入甜蜜梦乡。

三、模拟演练

1. 小组讨论

各小组根据以上活动内容讨论人员的分配与实施要点，并进行实操演练的准备。

2. 实操演练

在小组内结合外部创造力训练法进行案例实训。

> ➤ **Q1**：你认为音乐律动存在于儿童剧中是否重要？为什么？

> ➤ **Q2**：你认为如何提升音乐律动的外部创造力？

四、反思

| Q | 你觉得音乐律动除了在剧目中出现，还能运用到幼儿一日常规的哪些方面？ |

A

请你根据教学进度对本模块的每个任务依次进行评价。

评价任务	评价内容	评价标准	自 评	互 评
模块一任务一 掌握音乐律动的节奏控制力训练	音乐感受力	能够从乐曲旋律中感受准确的节奏	☆ ☆ ☆ ☆ ☆	☆ ☆ ☆ ☆ ☆
	肢体控制力	能够准确、迅速地控制肢体的速度及幅度	☆ ☆ ☆ ☆ ☆	☆ ☆ ☆ ☆ ☆
	方案设计	根据教案撰写评分标准评价	☆ ☆ ☆ ☆ ☆	☆ ☆ ☆ ☆ ☆
	模拟试讲	根据模拟试讲评课标准评价	☆ ☆ ☆ ☆ ☆	☆ ☆ ☆ ☆ ☆
	团队协作	成员配合默契，活动效果好	☆ ☆ ☆ ☆ ☆	☆ ☆ ☆ ☆ ☆
模块一任务二 掌握音乐律动的想象感受力训练	想象表达力	能够通过丰富的想象捕捉乐曲中的内容并进行肢体表达	☆ ☆ ☆ ☆ ☆	☆ ☆ ☆ ☆ ☆
	肢体模仿力	能够根据不同外部形态进行生动且丰富的模仿	☆ ☆ ☆ ☆ ☆	☆ ☆ ☆ ☆ ☆
	方案设计	根据教案撰写评分标准评价	☆ ☆ ☆ ☆ ☆	☆ ☆ ☆ ☆ ☆
	模拟试讲	根据模拟试讲评课标准评价	☆ ☆ ☆ ☆ ☆	☆ ☆ ☆ ☆ ☆
	团队协作	成员配合默契，活动效果好	☆ ☆ ☆ ☆ ☆	☆ ☆ ☆ ☆ ☆
模块一任务三 掌握音乐律动的外部创造力训练	肢体协调性	根据音乐旋律进行动作方向及速度恰当、平衡稳定且有韵律的肢体表达	☆ ☆ ☆ ☆ ☆	☆ ☆ ☆ ☆ ☆
	肢体创造力	能够较为细腻地用肢体、表情、声音模仿音乐中的动态过程	☆ ☆ ☆ ☆ ☆	☆ ☆ ☆ ☆ ☆
	方案设计	根据教案撰写评分标准评价	☆ ☆ ☆ ☆ ☆	☆ ☆ ☆ ☆ ☆
	模拟试讲	根据模拟试讲评课标准评价	☆ ☆ ☆ ☆ ☆	☆ ☆ ☆ ☆ ☆
	团队协作	成员配合默契，活动效果好	☆ ☆ ☆ ☆ ☆	☆ ☆ ☆ ☆ ☆

模块二　掌握剧目有声语言的外部行动技巧

任务一　探索旁白的外部行动控制训练方法

一、学习目标

☑ 掌握剧目旁白的外部行动控制训练法。

☑ 能够通过想象旁白内容创造相应的行动。

☑ 感受外部行动训练时运用肢体创造力的乐趣。

二、观摩体验

（一）观摩视频

4-4　扫码观看《过猴山》片段

4-4　任务一知识点扫码自主学习

阅读绘本《过猴山》并扫码观看音乐绘本剧《过猴山》视频片段，了解外部行动训练法在剧目旁白中的应用，回答以下问题。

引导问题：

儿童在进行肢体表达时，与旁白的关系是否密切？为什么？

京剧常见乐器介绍

外部行动控制训练法在旁白的表达过程中有助于更生动、形象的进行角色呈现，是很重要的训练方法。表演艺术的核心是行动，尤其是外部行动，通过学习有助于儿童的提升肢体控制、手眼协调。在体现学习阶段选取悦耳的旋律进行音乐感受引导，并通过音乐冥想、有声语言指令、旁述默剧等训练方法进行外部行动的控制训练，最后通过剧目实训夯实所学内容。

（二）体验学习

结合活动素材，在教师的带领下体验小班音乐绘本剧——《过猴山》片段，并感受外部行动训练法在剧目旁白中运用的乐趣。实训步骤如下。

1. 表达音乐感受

倾听奥尔夫音乐《我的身体都会响》，根据音乐中的有声语言进行相对应的肢体控制表达。

2. 外部行动训练

（1）音乐冥想——伴随音乐，闭上眼睛，自然仰卧，呼吸均匀，整个身体处于放松状态，根据教师的口令进行冥想。

（2）有声语言指令训练——在舞台上根据音乐《开始和停止》的节奏随意行走，根据教师口令进行肢体变化。

（3）旁述默剧训练——3人一组，甲念绘本，乙根据内容创作动作，丙模仿乙同学。三人可互换身份，反复训练。

3. 剧本实训

（1）根据"猴子学样"的歌词内容想象情境，并讨论老汉的形态，跟唱并创编动作。

（2）观看动画片《过猴山》视频，对角色进行观察。

（3）角色模仿——一位扮演老汉，一位扮演小猴子。

（4）片段展示——根据剧情分角色进行演绎。

4. 活动收尾

教师对各组表演实际情况进行点评与总结。

小班音乐绘本剧《过猴山》剧本片段

片段一：猴山上的来客

旁白：正当小猴子们玩得高兴时，一位老汉走了过来，小猴子们看到后连忙躲到了树后，一动不动地盯着这个猴山上的来客……

（播放《猴子学样》第一段：张老汉喜洋洋，挑担草帽上山冈，太阳晒山路窄，老汉走得汗直淌；有棵大树在路旁，树叶遮住大太阳，老汉树下来乘凉，老汉树下来乘凉。）

片段二：老汉睡觉

旁白：老汉因为太热、太困了，于是找了一棵阴凉树，在树下躺下就呼呼大睡起来。远处的小猴子们发现老汉带了好多草帽，顽皮的小猴子们便打起了草帽的主意……

片段三：猴子学样

旁白：这群小猴子竟然学老汉的样子，这让老汉更生气啦！他掐着腰走来走去，这群小猴子也掐着腰走来走去，老汉挠挠头想主意，小猴子们也跟着挠挠头想主意，老汉忽然拍了一下脑袋，小猴子们也拍了一下脑袋，不过老汉真的想到了一个好主意。只见他拿出两个酒葫芦，一个放在地上，另一个手里拿着闻了一下，一口喝了精光，呼呼大睡起来。小猴子们闻着香味把另一个葫芦围成一圈，学着老汉的样子尝了起来……

片段四：猴子喝醉

旁白：小猴子们喝着喝着感觉头像大石头一样沉，还左右摇晃，身体软软的，躺在了地上，这时老汉忽然醒了，原来他没喝醉啊！老汉看着躺在地上的小猴子们，偷偷地笑了，原来老汉是故意的！不过这次他要确定小猴子们是不是真的喝醉了……

三、模拟演练

1. 小组讨论

小组根据以上活动内容讨论人员的分配与实施要点，并进行实操演练的准备。

2. 实操演练

在小组内进行模拟演练小班音乐绘本剧《过猴山》片段三"猴子学样"。

> Q1：你认为什么样的旁白内容更容易进行外部行动的表达？

> Q2：你认为外在行动表达对角色塑造有哪些帮助？

四、反思

Q　你觉得肢体控制训练对幼儿提高手眼协调性有帮助吗？为什么？

A

任务二　探索对白的外部行动适应训练方法

一、学习目标

☑ 掌握剧目对白的外部行动适应训练法。
☑ 能够通过剧目理解表达自己的想法。
☑ 体验对话交流的开放性和自信心。

二、观摩体验

（一）观摩视频

4-5　扫码观看《是谁嗯嗯在我头上》

4-5　任务二知识点扫码自主学习

阅读绘本《是谁嗯嗯在我头上》并扫码观看音乐绘本剧《是谁嗯嗯在我头上》视频片段，了解外部行动适应法在剧目对白中的应用，回答以下问题。

引导问题：

通过观摩视频，你认为儿童在剧目对白中增加外部行动的表达重要吗？为什么？

概 念 释 义

外部行动的适应训练在对白的表达过程中，有助于角色对手之间交流的真实性，是很重要的训练方法。角色需要真听真看真感受，尤其是在与对手对白交流过程中，要学会听对方说话，学会适应，从而进行外部行动的表达。在体验学习阶段，通过游戏方式进行外部行动的模仿，从而适应外部倾听过程，再通过表演元素的想象与模仿、规定情境等训练提升外部行动的适应力，在剧目实训中，选取绘本故事进行训练法的运用。

（二）体验学习

结合活动素材，在教师的带领下体验中班音乐绘本剧——《是谁嗯嗯在我头上》片段，并感受外部行动适应法在剧目对白中运用的乐趣。实训步骤如下。

1. 体验游戏

在教师的带领下体验肢体模仿游戏。

2. 旁述填词训练

根据助教老师的旁述进行填词。

3. 外部行动适应训练

（1）想象与模仿训练——对图片进行模仿，并进行画面定格，想象故事内容。

（2）想象与模仿延伸训练——想象所模仿的图片内容，并通过语言演绎出来，增加肢体和表情动作。

（3）小剧本训练——创造合适的环境和情节，根据规定的剧本台词进行有机演绎。

4. 剧目实训

（1）旁述默剧训练——根据绘本《是谁嗯嗯在我头上》进行旁述默剧，根据情境进行肢体表达。

（2）音画同步训练——根据台词对白做动作，探讨对话交流感受和声音与动作的关系。

5. 活动收尾

教师对各组表演实际情况进行点评与总结。

中班音乐绘本剧《是谁嗯嗯在我头上》剧本片段

【对白交流适应训练】

片段一

小鸟：小鼹鼠，早上好。

小鼹鼠：小鸟早上好，请问是你们嗯嗯在我头上的吗？

（小鸟走到花丛中，放屁音效，小鸟从花丛中拿出便便）

小鸟：不是的，我们的嗯嗯是这样的！

小鼹鼠：哦，对不起，对不起，我错怪你们了。

小鸟：没关系，没关系，再见！

片段二

小鼹鼠：小花狗，原来是你嗯嗯在我头上的。

小花狗：啊，对不起。

小鼹鼠：没关系，小花狗，你知错能改，我们还是好朋友。

三、模拟演练

1. 小组讨论

各小组根据以上活动内容讨论人员的分配与实施要点，并进行实操演练的准备。

2. 实操演练

在小组内进行模拟演练中班音乐绘本剧《是谁嗯嗯在我头上》片段二。

> Q1：利用"体验学习"部分游戏环节，你还能想出什么样的游戏内容帮助幼儿提高外部行动适应能力？

> Q2：你认为外部行动适应训练对幼儿语言能力发展有哪些帮助？

四、反思

Q　你觉得外部行动和有声对白交流的关系是什么？

A

任务三　探索独白的外部行动造型训练方法

一、学习目标

- ☑ 掌握剧目独白的外部行动造型训练法。
- ☑ 能够用较为丰富的肢体、表情等进行角色的外部体现。
- ☑ 体验角色塑造时语言以外的表达乐趣。

二、观摩体验

（一）观摩视频

4-6　扫码观看《小红帽》片段

4-6　任务三知识点扫码自主学习

阅读绘本《小红帽》并扫码观看音乐绘本剧《小红帽》视频片段，了解外部行动造型法在剧目独白中的应用，回答以下问题。

引导问题：

你认为儿童在独白中进行外部造型表演重要吗？为什么？

概 念 释 义

外部行动的造型训练法在有声语言的独白中有助于角色的塑造。外部造型感更趋于角色的塑造感，通过肢体和表情的展现，有助于儿童想象力、表达力的提高。在体验学习环节，通过游戏引出外部造型的意义，再通过外部造型训练法三个不同环节，理解角色如何进行造型。在最后的剧目实训中有机运用。

（二）体验学习

结合活动素材，在教师的带领下体验大班音乐绘本剧——《小红帽》片段，并感受外部行动造型法在剧目独白中运用的乐趣。实训步骤如下。

1. 体验游戏

在教师的带领下体验"我和你的造型不一样"游戏。

2. 外部造型训练

（1）观察图片，并根据教师的提问与描述进行模仿扮演。

（2）3人一组，在教师的带领下完成"我是雕塑家"训练。

（3）独白双簧训练——2人一组，完成《大灰狼难忘的一天》独白双簧展示。

3. 剧目实训

（1）根据《小红帽》的故事内容，分析大灰狼的性格特点。

（2）在教师的带领下进行独白朗诵，并回答教师的提问。

（3）学生旁述默剧，教师做动作。

4. 活动收尾

教师对各组表演实际情况进行点评与总结。

大班音乐绘本剧《小红帽》剧本片段

【老狼独白律动】

老狼我今年二十八，

长得漂亮一朵花。

大眼睛，小嘴巴，

人人见了把我夸。

我练过芭蕾，也学过跳水，

我有迷人的身材和腿。

小姑娘，你看一看，

你看我到底美不美？

三、模拟演练

1. 小组讨论

各小组根据以上活动内容讨论人员的分配与实施要点，并进行实操演练的准备。

2. 实操演练

结合独白的外部造型训练法进行案例实训。

> Q1：你还能想到哪些有关"外部行动造型"的小游戏？举例说明。

> Q2：你认为角色的外部行动造型重要吗？为什么？

四、反思

Q　　你觉得想要塑造丰富的角色感，除了利用外部行动造型，还可以通过什么方式？

A

请你根据教学进度对本模块的每个任务依次进行评价。

评价任务	评价内容	评价标准	自 评	互 评
模块二 任务一 探索旁白的外部行动控制训练方法	肢体反应力	根据语言指令能够迅速、准确地进行肢体表达	☆ ☆ ☆ ☆ ☆	☆ ☆ ☆ ☆ ☆
	想象行动力	根据有声语言进行较为细腻且丰富的外部肢体表达	☆ ☆ ☆ ☆ ☆	☆ ☆ ☆ ☆ ☆
	方案设计	根据教案撰写评分标准评价	☆ ☆ ☆ ☆ ☆	☆ ☆ ☆ ☆ ☆
	模拟试讲	根据模拟试讲评课标准评价	☆ ☆ ☆ ☆ ☆	☆ ☆ ☆ ☆ ☆
	团队协作	成员配合默契，活动效果好	☆ ☆ ☆ ☆ ☆	☆ ☆ ☆ ☆ ☆
模块二 任务二 探索对白的外部行动适应训练方法	对白交流感	能够理解剧本对白中的内容	☆ ☆ ☆ ☆ ☆	☆ ☆ ☆ ☆ ☆
	真听真看真感受	能够具备听对方说话，并做出合适反应的能力	☆ ☆ ☆ ☆ ☆	☆ ☆ ☆ ☆ ☆
	方案设计	根据教案撰写评分标准评价	☆ ☆ ☆ ☆ ☆	☆ ☆ ☆ ☆ ☆
	模拟试讲	根据模拟试讲评课标准评价	☆ ☆ ☆ ☆ ☆	☆ ☆ ☆ ☆ ☆
	团队协作	成员配合默契，活动效果好	☆ ☆ ☆ ☆ ☆	☆ ☆ ☆ ☆ ☆
模块二 任务三 探索独白的外部行动造型训练方法	舞台表现力	根据角色要求运用较为松弛的肢体和内在丰富的想象进行舞台展现	☆ ☆ ☆ ☆ ☆	☆ ☆ ☆ ☆ ☆
	外部造型感	通过细腻的外在观察进行角色外部肢体塑造	☆ ☆ ☆ ☆ ☆	☆ ☆ ☆ ☆ ☆
	方案设计	根据教案撰写评分标准评价	☆ ☆ ☆ ☆ ☆	☆ ☆ ☆ ☆ ☆
	模拟试讲	根据模拟试讲评课标准评价	☆ ☆ ☆ ☆ ☆	☆ ☆ ☆ ☆ ☆
	团队协作	成员配合默契，活动效果好	☆ ☆ ☆ ☆ ☆	☆ ☆ ☆ ☆ ☆

模块三 运用表达元素训练剧目台词的技巧

任务一 体验台词表达的气息训练

一、学习目标

☑ 掌握台词表达的气息训练法。
☑ 能够使用气息训练法较为洪亮地表达台词内容。
☑ 感受角色训练时气息训练运用的乐趣。

二、观摩体验

（一）观摩视频

4-7 扫码观看《过猴山》片段

4-7 任务一知识点扫码自主学习

阅读绘本《过猴山》并扫码观看音乐绘本剧《过猴山》视频片段，了解气息训练法在剧中的应用，回答以下问题。

引导问题：

你认为儿童在台词对话中的音量有变化吗？寻找音量与气息的关系。

概 念 释 义

【气息训练法】是学习有声语言中非常重要的环节，缺一不可。气动则声发，气息不足，声音就不稳。气息训练有助于更好的声音传递。在体验学习中，通过音乐感受、气息训练感受气息的存在。在剧目实训中训练气息的强度和深度。

（二）体验学习

结合活动素材，在教师的带领下体验小班音乐绘本剧——《过猴山》片段，并感受气息训练法内容的乐趣。实训步骤如下。

1. 音乐游戏

跟随奥尔夫音乐《大雨和小雨》，并用肢体及声音进行表达。

2. 模仿"气息"

跟随教师模仿"气息"。

3. 气息训练

在教师的带领下进行气息训练，感受气息的存在。

4. 剧本实训

（1）体验剧本游戏"声音传送带"。

（2）根据《过猴山》故事内容，进行角色体验、台词训练。

5. 活动收尾

教师对各组表演实际情况进行点评与总结。

小班音乐绘本剧《过猴山》台词片段

【小猴子们喝醉前活泼好动】

老汉：你好！

小猴子：你好！（声音大）

老汉：给我帽子。

小猴子：给我帽子。（声音大）

老汉：哼！

小猴子：哼！（声音大）

老汉：生气了。

小猴子：生气了。（声音大）

【小猴子们喝醉后瘫软无力】

老汉：你好！

小猴子：你好！（声音小）

老汉：给我帽子。

小猴子：给我帽子。（声音小）

老汉：哼！

小猴子：哼！（声音小）

老汉：生气了。

小猴子：生气了。（声音小）

三、模拟演练

1. 小组讨论

各小组根据以上活动内容讨论人员的分配与实施要点，并进行实操演练的准备。

2. 实操演练

各小组进一步完善绘本音乐剧《过猴山》的台词训练。

> **Q1：**你还能想到有关锻炼气息的小游戏吗？举例说明。

> **Q2：**你认为气息训练对于幼儿语言发展有哪些帮助？

四、反思

| Q | 你觉得气息训练法还能运用到哪些幼儿活动当中？ |

A

任务二　体验台词表达的语气训练法

一、学习目标

☑ 掌握台词表达的语气训练法。
☑ 能够运用较为清晰的语调表达角色的台词。
☑ 感受角色情感并体验语气训练运用的乐趣。

二、观摩体验

（一）观摩视频

4-8　扫码观看《是谁嗯嗯在我头上》

4-8　任务二知识点扫码自主学习

　　阅读绘本《是谁嗯嗯在我头上》并扫码观看音乐绘本剧《是谁嗯嗯在我头上》视频片段，了解语气训练法在剧中的应用，回答下列问题。

　　引导问题：

　　你认为儿童在台词对话中的语气是否有变化？语气变化有什么作用？

概 念 释 义

【语气训练法】是学习台词中非常重要的环节，语气通过声音的抑、扬、顿、挫等可以传递不同的角色内涵。在体验学习中，通过游戏、教师口令、音乐感受训练、语气训练、情绪化训练等感受语气的不同阶段，在进行剧目实训中，将语气训练法有机融合。

（二）体验学习

结合活动素材，在教师的带领下体验中班音乐绘本剧——《是谁嗯嗯在我头上》片段，并感受语气训练法内容的乐趣。实训步骤如下。

1. 体验游戏

在教师的带领下体验"击掌传话说心情"游戏。

2. 表达情绪

根据教师的口令，用身体的不同部位表达不同的情绪。

3. 音乐感受训练

感受奥尔夫音乐《声音滑梯》的音乐起伏，讨论声音起伏与语气升降的关系。

4. 语气训练

在教师的带领下感受语调的不同区别。

5. 强化训练

进行情绪强化训练，在台词表达时注意语气变化。

6. 剧本实训

（1）倾听《是谁嗯嗯在我头上》故事，复述故事内容。

（2）旁述填词：理解小鼹鼠及其他小动物的情绪变化，填充故事内容。

（3）进行片段展示。

7. 活动收尾

教师对各组表演实际情况进行点评与总结。

中班音乐绘本剧《是谁嗯嗯在我头上》台词片段

旁白：一只小鼹鼠打着哈欠，伸着懒腰从土堆里钻了出来，高兴地和大家打招呼。

小鼹鼠：大家早上好，咦，好臭？

旁白：忽然，小鼹鼠闻到臭臭的味道，他前看看后看看，下看看上看看，呀，头上一坨臭大便，小鼹鼠非常生气！

小鼹鼠（生气大声喊）：是谁嗯嗯在我头上？

（背景音乐：奥尔夫音乐《两只小鸟》或者鸟儿的叫声）

【两只小鸟上场，飞到小鼹鼠旁边跳舞】

旁白：小鼹鼠看见两只小鸟在高兴地跳舞，好像在笑话他，他更生气了。

小鼹鼠：喂，是你们嗯嗯在我头上吗？

旁白：小鼹鼠的表情太可怕了，吓坏了正在跳舞的小鸟，小鸟伤心地哭了。
（小鸟走到花丛中，放屁音效，小鸟从花丛中拿出便便）
小鸟：呜呜呜，我们的嗯嗯是这样的！
小鼹鼠：哦，对不起，对不起，我错怪你们了。
小鸟：没关系，没关系，再见！
【小鸟飞下场】

三、模拟演练

1. 小组讨论
各小组根据以上活动内容讨论人员的分配与实施要点，并进行实操演练的准备。
2. 实操演练
各小组进一步完善绘本音乐剧《是谁嗯嗯在我头上》片段二的呈现。

> Q1：你认为语气训练法还能运用到幼儿的哪些活动中？

> Q2：你认为语气训练对于幼儿语言发展有哪些帮助？

四、反思

Q　你觉得台词的语气和角色的内在情绪有关系吗？为什么？

A

任务三　体验台词表达的声音造型训练法

一、学习目标

☑ 掌握台词表达的声音造型训练法。
☑ 能够运用声音的大小、粗细、快慢、远近，较为清晰地表现角色特有的情感。
☑ 感受语言表达时声音塑造的乐趣。

二、观摩体验

（一）观摩视频

4-9　扫码观看《小红帽》片段

4-9　任务三知识点扫码自主学习

　　阅读绘本《小红帽》并扫码观看音乐绘本剧《小红帽》视频片段，了解声音造型训练法在剧中的应用，回答下列问题。

　　引导问题：

　　你认为儿童在独白中进行外部造型表演重要吗？为什么？

概 念 释 义

　　【声音造型训练法】是气息、语气训练法的进阶部分，通过声音的大小、粗细、快慢、远近等表达角色特有的感情，声音训练法有助于角色的立体化，通过学习有助于儿童提升语言表达能力。在体验学习部分通过游戏的方式引出声音造型的意义，在剧目实训中，运用气息、语气、声音造型的训练方法进行综合展现。

（二）体验学习

　　结合活动素材，在教师的带领下体验大班音乐绘本剧——《小红帽》片段，并感受声音造型训练法内容的乐趣。实训步骤如下。

　　1. 体验游戏

　　在教师的带领下体验"猜猜谁来敲门？"游戏。

　　2. 感受情绪变化

　　在教师的带领下进行声音造型实训，感受角色交流的情绪变化。

　　3. 剧目实训

　　（1）根据《小红帽》绘本剧片段分析台词内容，分解声音表达方式。

　　（2）旁述默剧，跟着教师的朗读做动作。

　　（3）根据台词意思朗诵，2人一组进行双簧表演。

（4）单人肢体语言展示。

4. 活动收尾

教师对各组表演实际情况进行点评与总结。

大班音乐绘本剧《小红帽》台词片段

冷风忽然一阵吹，

一只老狼笑嘻嘻。

喂～小朋友，你要去哪？

老狼老狼我不说，

因为我不认识你。

老狼一听很生气，

直接吃掉又可惜。

听说要去姥姥家，

吃掉两个赚便宜。

小红帽啊小红帽，

心里着急想主意。

一路扔掉所有花，

留下线索和信息。

三、模拟演练

1. 小组讨论

各小组根据以上活动内容讨论人员的分配与实施要点，并进行实操演练的准备。

2. 实操演练

结合台词的声音造型训练进行剧本实训部分训练。

> **Q1**：你认为声音造型在塑造角色的过程中重要吗？为什么？

> **Q2**：运用你学习的声音造型训练法给更多的绘本角色配音吧！

四、反思

Q	你觉得声音造型还能运用到哪些艺术领域？

A

请你根据教学进度对本模块的每个任务依次进行评价。

评价任务	评价内容	评价标准	自　评	互　评
模块三 任务一 体验台词表达的气息训练	气息与声音关系	理解气息与声音的关系并且可以进行简单的气息训练	☆ ☆ ☆ ☆ ☆	☆ ☆ ☆ ☆ ☆
	声音控制力	能够声音清晰且洪亮地进行台词表达	☆ ☆ ☆ ☆ ☆	☆ ☆ ☆ ☆ ☆
	方案设计	根据教案撰写评分标准评价	☆ ☆ ☆ ☆ ☆	☆ ☆ ☆ ☆ ☆
	模拟试讲	根据模拟试讲评课标准评价	☆ ☆ ☆ ☆ ☆	☆ ☆ ☆ ☆ ☆
	团队协作	成员配合默契，活动效果好	☆ ☆ ☆ ☆ ☆	☆ ☆ ☆ ☆ ☆
模块三 任务二 体验台词表达的语气训练法	语调的理解	根据台词语境准确判断语调	☆ ☆ ☆ ☆ ☆	☆ ☆ ☆ ☆ ☆
	声音控制力	掌握声音的快慢、高低、长短、强弱、虚实的变化	☆ ☆ ☆ ☆ ☆	☆ ☆ ☆ ☆ ☆
	方案设计	根据教案撰写评分标准评价	☆ ☆ ☆ ☆ ☆	☆ ☆ ☆ ☆ ☆
	模拟试讲	根据模拟试讲评课标准评价	☆ ☆ ☆ ☆ ☆	☆ ☆ ☆ ☆ ☆
	团队协作	成员配合默契，活动效果好	☆ ☆ ☆ ☆ ☆	☆ ☆ ☆ ☆ ☆
模块三 任务三 体验台词表达的声音造型训练法	声音造型感	通过声音大小、粗细、快慢、远近能较为清晰地表现角色的特有情感	☆ ☆ ☆ ☆ ☆	☆ ☆ ☆ ☆ ☆
	语境与肢体协调性	根据语境进行较为准确的肢体表达	☆ ☆ ☆ ☆ ☆	☆ ☆ ☆ ☆ ☆
	方案设计	根据教案撰写评分标准评价	☆ ☆ ☆ ☆ ☆	☆ ☆ ☆ ☆ ☆
	模拟试讲	根据模拟试讲评课标准评价	☆ ☆ ☆ ☆ ☆	☆ ☆ ☆ ☆ ☆
	团队协作	成员配合默契，活动效果好	☆ ☆ ☆ ☆ ☆	☆ ☆ ☆ ☆ ☆

模块四　实践应用儿童音乐绘本剧的排演

任务一　排演小班音乐绘本剧《过猴山》

一、学习目标

☑ 掌握小班音乐绘本剧的剧目排演方法。
☑ 能够运用音乐律动、肢体控制、气息表达等方式进行其他绘本剧排演。
☑ 体验初次角色扮演的快乐。

二、观摩体验

（一）观摩视频

4-10　扫码观看《过猴山》片段

4-10　任务一知识点扫码自主学习

阅读绘本《过猴山》并扫码观看音乐绘本剧《过猴山》完整视频，了解剧目排演方法在剧中的应用，回答下列问题。

引导问题：
你认为幼儿通过演出提升了什么素养？

概 念 释 义

【小班剧目排演法】是根据《3~6岁儿童学习与发展指南》中，小班阶段所具备的能力制定的排演方法，通过简单的音乐律动、肢体控制、气息表达等完成简单的绘本剧目排演。在体验学习环节通过体验游戏、围读剧本、分片段实训、角色上下场等进行综合训练。

（二）体验学习

结合活动素材，在教师的带领下体验小班音乐绘本剧——《过猴山》，并感受剧目排演法内容的乐趣。实训步骤如下。

1. 体验游戏
在教师的带领下体验游戏"拼一拼"。

2. 围读剧本
（1）明确角色——可按照学号顺序分配剧本中的角色，了解角色特点。
（2）熟悉剧情——熟悉剧目的台词、旁白、音乐。

3. 分片段实训

以小组的形式演绎剧目的各片段。

4. 明确角色出场顺序

明确上下场顺序及地标，注意不要背台。

5. 完整排练

各小组完整排练小班音乐绘本剧《过猴山》。

6. 活动收尾

教师对各组表演实际情况进行点评与总结。

小班音乐绘本剧《过猴山》剧本片段呈现方式

片段一：音乐律动《围个小圈圈》　　　　　快乐的猴山

片段二：旁述剧场"猴子学样"第一段　　　猴山上的来客

片段三：音乐律动《开始和停止》　　　　　猴子偷帽

片段四：音乐律动《开始和停止》　　　　　猴子喝醉

片段五：旁述剧场"猴子学样"第二段　　　老汉逃跑

三、模拟演练

1. 小组讨论

各小组根据以上活动内容讨论人员的分配与实施要点，并进行实操演练的准备。

2. 实操演练

各小组进一步完善绘本音乐剧《过猴山》剧目排演。

> Q1：你还能想到其他适合小班年龄排演的绘本剧吗？举例说明。

> Q2：你认为小班剧目排练法对于幼儿表演方面有哪些帮助？

四、反思

Q　　你觉得小班、中班、大班绘本剧目排演方式的区别和共性是什么？

A

任务二　排演中班音乐绘本剧《是谁嗯嗯在我头上》

一、学习目标

☑ 掌握中班音乐绘本剧的剧目排演方法。
☑ 能够运用音乐想象、对白交流、外部肢体等方式进行其他绘本剧排演。
☑ 感受排演过程中角色扮演的乐趣。

二、观摩体验

（一）观摩视频

[二维码]
4-11　扫码观看《是谁嗯嗯在我头上》

[二维码]
4-11　任务二知识点扫码自主学习

　　阅读绘本《是谁嗯嗯在我头上》并扫码观看音乐绘本剧《是谁嗯嗯在我头上》完整视频，了解剧目排演方法在剧中的应用，回答下列问题。
　　引导问题：
　　幼儿在中班绘本剧演出过程中在语言、肢体表达上有什么特点？

概 念 释 义

　　【中班剧目排演法】是根据《3~6岁儿童学习与发展指南》中，中班阶段所具备的能力制定的排演方法，通过音乐想象、对白交流、外部肢体表达等方法进行有简单语言对话的绘本剧目排演。在体验学习中通过体验游戏、明确角色、旁述默剧等环节熟悉剧目完整的流程，从而完成剧目排演。

（二）体验学习

　　结合活动素材，在教师的带领下体验中班音乐绘本剧——《是谁嗯嗯在我头上》，并感受剧目排演法内容的乐趣。实训步骤如下。

　　1. 体验游戏
　　在教师的带领下，体验"火眼金睛"游戏。
　　2. 明确角色、道具
　　明确剧目中的角色、道具。
　　3. 明确演出流程
　　根据流程表，明确演出流程。
　　4. 旁述填词
　　与教师进行旁述填词活动，明确故事内容。

5. 排演训练要领

了解排演过程中的注意事项，明确排练过程。

6. 角色演绎

分组进行剧目排演。

7. 活动收尾

教师对各组表演实际情况进行点评与总结。

中班音乐绘本剧《是谁嗯嗯在我头上》剧本片段呈现方式

片段一　快乐的森林

片段二　森林里奇怪的味道

片段三　倒霉的小鼹鼠

片段四　小鸟和小动物们的矛盾

片段五　小苍蝇帮助小鼹鼠找到凶手

片段六　小狗与小鼹鼠和好

三、模拟演练

1. 小组讨论

各小组根据以上活动内容讨论人员的分配与实施要点，并进行实操演练的准备。

2. 实操演练

根据所学内容，各小组进一步完善绘本音乐剧《是谁嗯嗯在我头上》的排演。

> Q1：你还能想到其他适合中班年龄排演的绘本剧吗？举例说明。

> Q2：你认为剧目排练过程中最重要的是什么？

四、反思

Q　你觉得幼儿在绘本剧目排演中能提升哪些能力？

A

任务三　排演大班音乐绘本剧《小红帽》

一、学习目标

☑ 掌握大班音乐绘本剧的剧目排演方法。
☑ 能够运用排演法创造动作鲜明、声音清晰的角色并易于观众理解。
☑ 感受音乐特性中节奏的轻重缓急，体验表演的乐趣。

二、观摩体验

（一）观摩视频

4-12　扫码观看《小红帽》片段

4-12　任务三知识点扫码自主学习

阅读绘本《小红帽》并扫码观看音乐绘本剧《小红帽》完整视频，了解剧目排演方法在剧中的应用，回答下列问题。

引导问题：
你认为参与剧目排演对幼儿有什么帮助？

概 念 释 义

【大班剧目排演法】是根据《3~6岁儿童学习与发展指南》中，大班阶段所具备的能力制定的排演方法，通过声音造型、想象感受力、外部创造力等元素完成角色的塑造。在体验学习中，通过理解故事、明确故事情节、场景填充、设计剧目流程、场景制作等方式进行剧目参与、体验。

（二）体验学习

结合活动素材，在教师的带领下体验大班音乐绘本剧——《小红帽》，并感受剧目排演法内容的乐趣。实训步骤如下。

1. 理解故事

理解《小红帽》故事内容，明确角色。

2. 明确故事情节

（1）方法一：通过图片看图说话，了解故事情节的连接性。

（2）方法二：分组将故事定格，加强对故事情节的认识。

3. 场景填充

（1）方法一：根据图片内容，想象场景的背景布置，通过绘画或者用剪纸等手工进行制作填充。

（2）方法二：情节定格画面后，想象画面增加场景内容，用肢体进行扮演。

4. 共同设计剧目排演流程模板

用绘画、文字等方式制作剧目排演流程。

5. 场景制作

在教师带领下选用合适的材料进行角色装扮或者场景布置。

6. 角色分配

教师根据角色特点及学生意愿进行角色分配。

7. 熟悉角色台词

边说台词边做动作，注意肢体与表情的配合，声音清晰。

8. 熟悉角色调度

分组分情节进行排演，确定角色站位安排，熟悉舞台左侧上场，右侧下场，明确每一幕上场和下场的角色顺序。

9. 分幕排练

根据以上流程进行分组分幕排演。

10. 活动收尾

剧目排演流程表如下，教师提问，总结实训内容。

情　节	音　频	台　词	角　色	场景布置	律动或肢体动作
小兔子的礼物	旁白、音乐《小红帽》	小兔和小红帽对话	小红帽、三只小兔子	大树、小花、花环（在小花中间）	小兔子旁述默剧表演 小红帽左台上场 小红帽和小兔子打招呼 小兔子给小红帽花环 音乐《小红帽》律动舞蹈 小兔子右台下场
小红帽智斗大灰狼	音频《大灰狼》伴奏、旁白	大灰狼自述、大灰狼和小红帽对话	大灰狼、小红帽	大树、小花	小红帽在蹲在树后面的小花旁边采花 大灰狼左台上场看见小红帽 大灰狼独白的外部肢体表达 大灰狼慢慢走到小红帽身边，笑嘻嘻地问 小红帽见到大灰狼，从害怕后退到勇敢镇定回答 大灰狼、小红帽旁述默剧表演 大灰狼推了小红帽一下，走在前面 小红帽跟在后面撕掉花环上的花，留下信息 两人右台下场

大班音乐绘本剧《小红帽》剧目排演流程表

续表

情 节	音 频	台 词	角 色	场景布置	律动或肢体动作
兔子发现小红帽有危险呼唤猎人帮忙	旁白	兔子们的猜测、呼唤猎人、猎人独白、猎人与小兔子的对话	三只小兔、猎人	大树、小花、花瓣	一只兔子着急地看着小红帽离开的方向 一只兔子拿起花环留下的花瓣 一只兔子指着大灰狼留下的脚印 呼唤猎人 猎人左台上场 猎人独白的外部肢体表达 小兔子指着小红帽离开的方向和脚印 猎人蹲下观察，远看小红帽的方向 众人右台下场
猎人和兔子帮助外婆营救小红帽	旁白	外婆独白、猎人与外婆对话	外婆、猎人、三只小兔	大树、小花	外婆右台上场 外婆独白的外部肢体表达 外婆向远处眺望，焦急 猎人、小兔子左台上场 猎人安抚外婆
众人打败大灰狼	旁白	众人对话	外婆、猎人、三只小兔、小红帽、大灰狼	大树、小花	众人旁述默剧表演 外婆、小红帽感谢大家 大家哈哈大笑
音乐律动儿歌剧《小红帽》	音乐律动儿歌《小红帽》音频		外婆、猎人、三只小兔、小红帽、大灰狼	大树、小花	众人表演

三、模拟演练

1. 小组讨论

各小组根据以上活动内容讨论人员的分配与实施要点，并进行实操演练的准备。

2. 实操演练

各小组结合剧目排演训练法进行剧目排演。

> ➤ Q1：你还能想到其他适合大班年龄排演的绘本剧吗？举例说明。

> ➤ Q2：你除了可以用外部行动来体现《小红帽》的律动，能否运用奥尔夫教具（如沙锤等）进行创作呢？

四、反思

Q　儿童剧具有教育性和观赏性，对儿童来讲，充当观赏者和参演者哪个更有益于其综合能力发展？为什么？

A

请你根据教学进度对本模块的每个任务依次进行评价。

评价任务	评价内容	评 价 标 准	自 评	互 评
模块四任务一　排演小班音乐绘本剧《过猴山》	舞台基本知识	明确舞台上下场位置、确定中央地标、不背台、不笑场	☆☆☆☆☆	☆☆☆☆☆
	整合剧本的能力	根据剧本内容运用音乐律动、肢体控制、气息表达的方法进行舞台排演	☆☆☆☆☆	☆☆☆☆☆
	方案设计	根据教案撰写评分标准评价	☆☆☆☆☆	☆☆☆☆☆
	模拟试讲	根据模拟试讲评课标准评价	☆☆☆☆☆	☆☆☆☆☆
	团队协作	成员配合默契，活动效果好	☆☆☆☆☆	☆☆☆☆☆
模块四任务二　排演中班音乐绘本剧《是谁嗯嗯在我头上》	故事编创力	能够运用较为丰富且有趣的语言进行故事编创	☆☆☆☆☆	☆☆☆☆☆
	剧目统筹力	结合剧目中音乐（音乐想象）、台词（对白交流）、行动（外部肢体），较为完整地进行舞台展现	☆☆☆☆☆	☆☆☆☆☆
	方案设计	根据教案撰写评分标准评价	☆☆☆☆☆	☆☆☆☆☆
	模拟试讲	根据模拟试讲评课标准评价	☆☆☆☆☆	☆☆☆☆☆
	团队协作	成员配合默契，活动效果好	☆☆☆☆☆	☆☆☆☆☆
模块四任务三　排演大班音乐绘本剧《小红帽》	剧目流程	熟悉排演剧目流程	☆☆☆☆☆	☆☆☆☆☆
	把控演员的能力	根据剧本特点，有序安排演员进行剧目不同阶段的推进	☆☆☆☆☆	☆☆☆☆☆
	方案设计	根据教案撰写评分标准评价	☆☆☆☆☆	☆☆☆☆☆
	模拟试讲	根据模拟试讲评课标准评价	☆☆☆☆☆	☆☆☆☆☆
	团队协作	成员配合默契，活动效果好	☆☆☆☆☆	☆☆☆☆☆

单元二　实践儿童音乐绘本剧的编创与制作

模块一　应用编创儿童音乐绘本剧的方法

任务一　实施剧本故事编创基础——绘本故事的筛选

一、学习目标

☑ 掌握绘本故事筛选的方法。

☑ 能够将绘本故事筛选的方法运用在更多的剧目创作中。

☑ 感受绘本阅读的快乐并体验创编剧目的趣味。

二、观摩体验

（一）观摩视频

4-13　扫码观看讲解视频

4-13　任务一知识点扫码自主学习

扫码观看《剧本故事创编的基础——绘本故事的筛选》讲解视频，了解绘本在剧本编创中的应用，回答下列问题。

引导问题：

你认为由绘本故事筛选而来的剧本故事有什么特点？

概念释义

【绘本筛选法】首先掌握3~6岁不同年龄段特点及艺术领域学习目标，要理解绘本并准确判断小班、中班、大班不同阶段的绘本需求从而进行绘本筛选。在体验学习中，通过学习概念、小组研讨、准备绘本等步骤，进行绘本筛选法的学习。

（二）体验学习

结合活动素材，在教师的带领下体验绘本故事的筛选方法，并感受绘本筛选法在剧目编创中的作用。实训步骤如下。

1. 学习基本概念

（1）学习"什么是绘本？"。

（2）学习《3~6岁儿童学习与发展指南》——艺术领域（感受与欣赏、表现与创造）。

2. 选择绘本

小组讨论如何选择合适的绘本。

3. 准备绘本

确定好绘本，然后有声阅读，分析、理解故事意义。

4. 绘本筛选实操

进行绘本分析。

5. 活动收尾

绘本剧目筛选一览表如下。教师提问，总结实训内容。

方法	特　　点			推　荐　书　目		
合适年龄	小班:幼儿喜欢色彩鲜明、想象逼真的画面,单一单幅,情节重复性强	中班:幼儿好奇心强,喜欢观察、想象有趣的画面,融合简洁、生动、重复性的角色语言较为合适	大班:幼儿喜欢情节有趣、语言丰富的内容,注重细节观察,创新力、思考力强	小班:《小兔乖乖》《小蝌蚪找妈妈》《可爱的鼠小弟》《大卫,不可以》《彩虹色的花》《好饿的毛毛虫》《过猴山》等	中班:《是谁嗯嗯在我头上》《南瓜汤》《咕噜牛》《神奇糖果店》《咚咚咚,是谁啊?》《我的幸运一天》《疯狂星期二》等	大班:《小红帽》《一园青菜成了精》《女巫温妮》《野兽国》《你看起来很好吃》《歌舞爷爷》《海底100层楼的家》等
主题明确	主题明确,具有教育性,能够呈现人类美好和卓越的事物情感,有良好的价值导向			《小蝌蚪找妈妈》主要激励儿童遇到困难不逃避、不气馁,不断前进 《狼来了》主要告诉儿童不能说谎 《小兔乖乖》主要告诉儿童要有安全意识 《小红帽》主要告诉儿童要勇敢、有智慧		
戏剧性	语言简单、角色特征明显、趣味性强、情节冲突集中			语言简单,如《拔萝卜》等 角色特征明显,如《我选我自己》《十兄弟》等 趣味性强,如《快点睡觉吧》《女巫温妮》等 情节冲突集中,如《石头汤》等		

绘本剧目筛选一览表

三、模拟演练

根据所学内容，各小组进一步选择适合小班、中班、大班的 6 本绘本，并且分析讨论其主题、戏剧性。

> Q1:你认为绘本故事与剧本故事的关系是什么?

> Q2:除了"体验学习"中提到的绘本,你还能想到什么样更适合编排绘本剧的绘本吗?举例说明。

四、反思

> Q　排演音乐绘本剧目首先需要创编思路，请阅读大量绘本，增加素材积累吧！

A

任务二　实施由绘本故事到剧本故事的编创思路

一、学习目标

☑ 掌握剧本故事编创思路的方法。
☑ 能够运用编创思路进行不同绘本故事的创排。
☑ 感受运用绘本开展剧目编创的乐趣。

二、观摩体验

（一）观摩视频

4-14　扫码观看《我的幸运一天》

4-14　任务二知识点扫码自主学习

阅读绘本故事《我的幸运一天》并扫码观看《我的幸运一天》儿童戏剧活动视频，了解剧本故事编创思路在剧目创排中的应用，回答下列问题。

引导问题：
你认为儿童参与剧本编创重要吗？为什么？

概念释义

【戏剧编创的方法】是儿童音乐绘本剧呈现的先导。首先能较为准确地寻找故事性强、角色有特点、场景好实现的绘本，其次要具备引导扮演者体验角色的能力。在体验学习中通过编创准备环节、实操环节、实训环节等完整地进行方法展示。

（二）体验学习

结合活动素材，在教师的带领下体验剧本创作过程，并感受戏剧编创的方法。实训步骤如下。

1. 编创准备

（1）确定绘本：有声阅读绘本，并制作 PPT。

（2）划分情节：理解剧情，制作绘本情节划分表。

2．编创实操

（1）第一部分（1节）：进行绘本围读，运用PPT讲述故事，融合生动的语言、肢体表演，以问题形式加深故事印象。

（2）第二部分（3~5节）：进行角色体验，以情节将绘本故事划分为几幕，每一幕加入不同戏剧元素进行戏剧活动。

（3）第三部分（1节）：分组制作绘本剧本，将情节通过图画和简单文字形式表现。

3．剧目实训

根据故事情节划分表进行绘本剧本《我的幸运一天》编创。

4．活动收尾

《我的幸运一天》绘本故事情节划分表如下。教师提问，总结实训内容。

《我的幸运一天》绘本故事情节划分表			
故事情节	出场角色	角色扮演	场 景 道 具
意外的惊喜	小猪、狐狸	狐狸在家修爪子，小猪敲门 狐狸开门，两人反应 狐狸准备烤小猪	凳子、桌子、门、烤炉、指甲锉
小猪请求洗澡	小猪、狐狸	小猪请求洗澡 狐狸照办（捡树枝、倒水、生火）	树枝、火、水桶、浴桶、刷子
小猪请求吃东西	小猪、狐狸	小猪请求吃东西 狐狸照办（摘西红柿、做通心粉、烤小甜饼）	厨师帽、锅、叉子、盘子
小猪请求按摩	小猪、狐狸	小猪请求按摩 狐狸照办（肩膀、胳膊、腿）	凳子
狐狸被累倒 小猪回家	小猪、狐狸	狐狸被累倒 小猪带甜饼回家	甜饼、门

三、模拟演练

1．小组讨论

各小组根据以上活动内容讨论人员的分配与实施要点，并进行实操演练的准备。

2．实操演练

在小组内模拟如何进行剧本故事编创方法的实操演练，教师对每组进行指导。

➤ Q1：理解"没有小角色，只有小演员"这句话的意思。	➤ Q2：除了"体验学习"中提到的绘本，你还能创编其他绘本故事吗？试一试吧！

四、反思

> **Q**　绘本故事情节相对单一、角色有限，倘若想让班里所有幼儿都参与绘本剧目，你该如何解决？

A

任务三　实施剧本故事编创灵魂——音乐的融合

一、学习目标

- ☑ 掌握剧目音乐融合的方法。
- ☑ 能够根据故事情节、角色对话、场景等进行合适的音乐融合。
- ☑ 感受不同情境的角色情绪并体验音乐融合的美感。

二、观摩体验

（一）观摩视频

4-15　扫码观看《我的幸运一天》

4-15　任务三知识点扫码自主学习

　　阅读绘本《我的幸运一天》并扫码观看《我的幸运一天》儿童戏剧活动视频，了解音乐融合在剧本编创中的应用。然后回答下列问题。

　　引导问题：

　　通过观看视频，你认为音乐融合对故事情节发展有什么帮助？

> **概 念 释 义**
>
> 　　【音乐融合】是在故事情节、角色对话、规定情境之下进行合适的情感调节，音乐融合是表达形式之一，在体验学习中通过音乐感受表达、肢体表达、语言表达、剧目实操等方式，进行音乐融合的训练。

（二）体验学习

结合活动素材，在教师的带领下体验音乐融合的方法，并感受音乐融合在剧目编创中的作用。实训步骤如下。

1. 表达音乐感受

倾听《情歌王》音乐，判断歌曲中不同的音乐旋律的变化。

2. 音乐融合训练

（1）感受对应训练：分组欣赏并讨论音乐的内容和风格，将音乐与教师出示的图片进行风格或内容对应。

（2）肢体表达训练：根据音乐的基调进行肢体表达，并讨论音乐与肢体的关系。

（3）语言表达训练：根据音乐的基调进行语言表达，并讨论音乐与语言的关系。

3. 剧目实操

（1）感受三首不同风格的音乐《我爱洗澡》《土耳其进行曲》《春天天气真好》，并表达其音乐内容及风格。

（2）听绘本故事《我的幸运一天》，将教师出示的图片与音乐对应。

（3）分组根据图片，丰富对话内容，并进行音乐融合。

（4）分组创作与故事情节相符合的音乐律动。

（5）剧本片段展示：各小组进行剧本片段展示，其他小组进行点评。

4. 活动收尾

教师对各组表演实际情况进行点评与总结。

音乐绘本剧《我的幸运一天》音乐融合

片段三：《小猪的请求——做大餐》

旁白：狐狸再次把小猪放到了烤炉上，准备烤小猪。

小猪：亲爱的狐狸，我能跟你说一件事吗？

狐狸：什么事？

小猪：我是一只小猪。你看我的肚子还没有你大，我太瘦了，你不如给我做顿大餐，把我喂得肥一点？

狐狸：嗯……它是挺小的。

（背景音乐《土耳其进行曲》响起，狐狸开始为小猪做大餐。其过程为：摘西红柿、拿着锅做通心粉、蹲在地上烤小甜饼，忙上忙下，忙坏了。）

三、模拟演练

1. 小组讨论

各小组根据以上活动内容讨论人员的分配与实施要点，并进行实操演练的准备。

2. 实操演练

结合编创训练法进行音乐旋律与剧目的融合实训：绘本剧目《我的幸运一天》。

➤ Q1：你认为儿童音乐绘本剧和传统音乐剧一样吗？为什么？

➤ Q2：除了"体验学习"提到的音乐，你还能为《我的幸运一天》剧本故事加入更丰富的音乐吗？

四、反思

Q 音乐绘本剧目需要不同风格、旋律的音乐融合，请欣赏各类音乐及音乐剧作品，增加自己的素材积累吧！

A

请你根据教学进度对本模块的每个任务依次进行评价。

评价任务	评价内容	评价标准	自 评	互 评
模块一 任务一 实施剧本故事编创基础——绘本故事的筛选	筛选绘本的能力	理解绘本并准确判断小班、中班、大班不同阶段的绘本需求	☆ ☆ ☆ ☆ ☆	☆ ☆ ☆ ☆ ☆
	运用《3~6岁儿童学习与发展指南》	根据理论与实践结合，掌握3~6岁不同年龄段特点及艺术领域学习目标	☆ ☆ ☆ ☆ ☆	☆ ☆ ☆ ☆ ☆
	方案设计	根据教案撰写评分标准评价	☆ ☆ ☆ ☆ ☆	☆ ☆ ☆ ☆ ☆
	模拟试讲	根据模拟试讲评课标准评价	☆ ☆ ☆ ☆ ☆	☆ ☆ ☆ ☆ ☆
	团队协作	成员配合默契，活动效果好	☆ ☆ ☆ ☆ ☆	☆ ☆ ☆ ☆ ☆
模块一 任务二 实施由绘本故事到剧本故事的编创思路	选择优秀绘本的能力	能较为准确地寻找故事性强、角色有特点、场景好实现的绘本	☆ ☆ ☆ ☆ ☆	☆ ☆ ☆ ☆ ☆
	引导扮演者体验角色的能力	有效引导扮演者通过游戏导入、音乐律动、想象力、肢体表达等进行角色体验并完成角色扮演	☆ ☆ ☆ ☆ ☆	☆ ☆ ☆ ☆ ☆
	方案设计	根据教案撰写评分标准评价	☆ ☆ ☆ ☆ ☆	☆ ☆ ☆ ☆ ☆
	模拟试讲	根据模拟试讲评课标准评价	☆ ☆ ☆ ☆ ☆	☆ ☆ ☆ ☆ ☆
	团队协作	成员配合默契，活动效果好	☆ ☆ ☆ ☆ ☆	☆ ☆ ☆ ☆ ☆
模块一 任务三 实施剧本故事编创灵魂——音乐的融合	筛选音乐的能力	根据故事情节、角色对话等筛选较为合适的音乐	☆ ☆ ☆ ☆ ☆	☆ ☆ ☆ ☆ ☆
	音乐感受力	根据不同基调音乐变化肢体节奏	☆ ☆ ☆ ☆ ☆	☆ ☆ ☆ ☆ ☆
	方案设计	根据教案撰写评分标准评价	☆ ☆ ☆ ☆ ☆	☆ ☆ ☆ ☆ ☆
	模拟试讲	根据模拟试讲评课标准评价	☆ ☆ ☆ ☆ ☆	☆ ☆ ☆ ☆ ☆
	团队协作	成员配合默契，活动效果好	☆ ☆ ☆ ☆ ☆	☆ ☆ ☆ ☆ ☆

模块二　理解制作儿童音乐绘本剧的流程

任务一　熟悉舞台区域

一、学习目标

☑ 掌握舞台区域划分的方法。
☑ 能够使用舞台区域的方法合理安排舞台站位及上、下场顺序。
☑ 感受舞台区域划分的乐趣并体验与同伴合作表演的快乐。

二、观摩体验

（一）观摩视频

4-16　扫码观看《过猴山》

4-16　任务一知识点扫码自主学习

扫码观看儿童音乐绘本剧《过猴山》视频，了解舞台区域划分在剧目排演中的应用，回答下列问题。
引导问题：
通过观摩视频，你认为舞台区域划分在剧目排演时重要吗？为什么？

概 念 释 义

舞台区域划分的方法是演员具备的基本素养，只有掌握舞台不同区域并合理舞台站位、上下场顺序，才能较为准确地分配剧本不同场景位置。在体验学习中，通过游戏、舞台知识概述、舞台区域实训等方法进行舞台区域知识的学习。

（二）体验学习

结合活动素材，在教师的带领下体验舞台区域划分的方法，并感受舞台区域划分在剧目排演中的作用。实训步骤如下。

1. 体验游戏

在教师的带领下体验"舞台公约"游戏。

2. 学习舞台知识

舞台分类、舞台与画面的关系、舞台上场口和下场口的关系、镜框式舞台区域的位置。

3. 舞台区域实训

（1）图片划分训练：根据舞台区域划分知识，进行图片区域和层次的分解。

（2）定格画面训练：分组模拟和扮演教师出示的图片中的场景及角色，按照舞台区域的要求，进行定格画面。

4. 剧目实训

在教师的带领下进行分组实训，并进行训练总结。

5. 活动收尾

教师对各组表演实际情况进行点评与总结。

舞台区域划分剧目片段参照

剧目一：《过猴山》——猴山上的来客

旁白：有一年的夏天，天气非常炎热，火辣辣的太阳烤着大地，树上的叶子也被热得一动不动，在远处的大山深处，有一片茂密的树林，一群猴子在大树之间做游戏，正当猴子们玩得高兴，一位老汉走了过来，猴子们看到后连忙躲到了树后，一动不动地盯着这个猴山上的来客。老汉太热、太困，于是找了一棵阴凉树，在树下躺下就呼呼大睡起来。远处的小猴子们发现老汉带了好多草帽，顽皮的小猴子们便打起了草帽的主意……

剧目二：《是谁嗯嗯在我头上》——美丽的树林

旁白：在一个美丽的大森林里，住着一群可爱的小动物，他们快乐地唱歌、跳舞、做游戏，他们是最要好的朋友，每天清晨第一件事就是大声问《早早早》。

剧目三：《小红帽》——大森林小红帽初遇大灰狼

旁白：树林里，小红帽为外婆采花，大灰狼从树林里走了出来……

大灰狼（笑嘻嘻）：小姑娘，你要去哪儿呀？

小红帽：老狼老狼我不说，因为我不认识你！

三、模拟演练

小组根据以上活动内容讨论人员的分配与实施要点，并进行实操演练的准备。

> **Q1**：除了"体验学习"中"舞台公约"的小游戏，你还能想到什么方法让幼儿记住舞台区域呢？

> **Q2**：你认为在进行"体验学习"的"舞台公约"游戏时，除了舞台区域知识学习，幼儿还能得到哪些能力的提升？

四、反思

| Q | 你认为舞台区域除了能够运用到剧目演出中，还能有什么其他作用？ |

A

任务二　熟悉场景与服（装）、化（妆）、道（具）的设计与制作

一、学习目标

☑ 掌握场景和服装、化妆、道具（以下简称服、化、道）设计与制作的方法。
☑ 能够根据不同剧目进行场景制作及服、化、道的设计。
☑ 感受场景及服、化、道制作时与同伴分工合作的乐趣。

二、观摩体验

（一）观摩视频

4-17　扫码观看《是谁嗯嗯在我头上》

4-17　任务二知识点扫码自主学习

扫码观看儿童音乐绘本剧《是谁嗯嗯在我头上》视频，了解舞台场景及服装、化妆、道具在剧目排演中的应用，回答下列问题。

引导问题：

通过观摩视频，你认为舞台场景及服、化、道对剧目排演有什么作用？

概 念 释 义

场景和服、化、道设计与制作的方法是演员具备的基本素养，通过学习可以根据剧目内容，运用丰富的想象力较为准确地进行场景设计，同时运用较为丰富的想象和动手能力进行剧目角色的装扮。在体验学习中，通过游戏、场景与服、化、道制作流程、剧目实训等方法进行舞台知识的学习。

（二）体验学习

结合活动素材，在教师的带领下体验舞台场景及服、化、道设计和制作的方法，并感受场景及服、化、道在剧目排演中的作用。

1. 体验游戏

在教师的带领下体验游戏"拼一拼"。

2. 场景与服、化、道制作

（1）动物头饰制作。

（2）场景制作（了解二维制作与立体制作的区别）。

（3）服化制作。

3. 剧目实训

以音乐绘本剧《是谁嗯嗯在我头上》剧目为例，分组进行场景及服、化、道等制作。

（1）场景制作：后区树林可用肢体或者高的纸箱子进行制作。

（2）道具制作：用纸壳和彩笔制作不同形状的便便。

（3）服装制作：根据出场动物的身体特点，用不同颜色的布条粘在衣服上。

（4）化妆制作：用油彩在脸上做动物特点的妆面。

4. 活动收尾

教师对各组表演实际情况进行点评与总结。

剧目道具制作——动物角色头饰制作步骤

第一步：准备好工具和原材料。

第二步：裁剪原材料，剪出动物的样子，也可以把一些废旧的衣物上的卡通动物剪下来。

第三步：用布条做成一个与孩子头围大小相同的圈子。

第四步：将动物头饰用针线缝合在布圈的中间位置，一个简单的动物头饰就做好了。

第五步：布圈上也可以缝成死角也可以弄上一个暗扣，用来调整大小；或者换成松紧小块。

三、模拟演练

1. 小组讨论

小组根据以上活动内容讨论人员的分配与实施要点，并进行实操演练的准备。

2. 实操演练

根据所学内容，各小组进一步完善绘本音乐剧《是谁嗯嗯在我头上》舞台制作。

> **Q1**：你认为"场景制作"与"道具制作"的区别在哪里？

> **Q2**：你认为"舞台场景及服、化、道设计与制作"环节能提升幼儿哪些能力？

四、反思

> **Q**　　请你展开想象，充分运用不同的美术教具大胆地进行剧目的场景及服、化、道的设计和制作吧！

A

任务三　熟悉剧目演出的组织与实施步骤

一、学习目标

☑ 掌握剧目演出的组织与实施步骤。
☑ 能够在理解剧目的基础上，结合场景、道具等有序进行演出的分工和合作。
☑ 感受与伙伴合作演出的快乐。

二、观摩体验

（一）观摩视频

4-18　扫码观看《我的幸运一天》花絮

4-18　任务三知识点扫码自主学习

扫码观看儿童音乐绘本剧《我的幸运一天》台前、幕后及演出花絮视频，了解舞台剧目演出的组织与实施在剧目排演中的应用，回答下列问题。

引导问题：

通过观摩视频，你认为在舞台剧演出中，台前与幕后的关系是什么？

概 念 释 义

　　剧目演出的组织与实施步骤是在理解剧目基础上，结合场景、道具有序安排演职人员进行分工和合作。通过学习可以提升剧目组织与实施能力、团队协作力。在体验学习中，以案例故事，结合前期编创，服、化、道准备等完成全部项目。

（二）体验学习

结合活动素材，在教师的带领下体验舞台剧目演出的组织与实施步骤，并感受舞台剧目演出的组织与实施在剧目排演中的作用。

实训步骤：

1. 剧目组织与实施（以《我的幸运一天》为例）

（1）确定主题（目标）选择绘本。

（2）剧本编创，完成排演。

（3）选择演出场地，观影分开。

（4）道具制作，确定场景。

（5）演出前人员准备。

演员——幕后候场。

宣传人员——海报及邀请函制作，并进行张贴、发放。

化妆人员——给演员化妆，用油彩或头饰进行角色装扮。

油彩以线条、色块进行角色特点装饰；头饰可根据角色扮演进行制作。

服装人员——给演员制作服装，可采用布条、布块或者装饰品进行点缀。

幕前人员——引领观众进场，入座。

幕后人员——提醒每个演员上台时间。

道具人员——演出时负责布景或道具摆放。

音效人员——演出前播放暖场音乐，演出期间进行音效播放。

（6）演出期间：演员不得离开幕后，不得随意走动、说话。

（7）演出结束：整理与回顾。

2. 活动收尾

教师对分组实训实际情况进行点评与总结。

剧目演出第二环节：剧本编创思路解析

1. 编创准备思路

绘本确定：有声阅读，制作PPT。

情节划分：理解剧情，制作绘本情节划分表。

2. 编创实操思路

第一部分（1节）：围读绘本；运用PPT讲述故事，融合生动语言、肢体表演；以问题形式加深故事印象。

第二部分（3~5节）：角色体验，将绘本故事以情节划分为几幕，每一幕加入不同（游戏导入、音乐律动、想象力训练、肢体表达、角色扮演等）戏剧元素进行戏剧活动。

第三部分（1节）：制作绘本剧本（将每个情节通过图画和简单文字的形式表现出来）。

三、模拟演练

1. 小组讨论

小组根据以上活动内容讨论人员的分配与实施要点，并进行实操演练的准备。

2. 实操演练

结合剧目组织和实施方法进行其他绘本剧的实训。

> Q1：你认为一部剧目从前期组织到演出完成需要花费多长的时间？

> Q2：你认为剧目演出的组织与实施者，需要具备的基本素质是什么？

四、反思

Q　　在观赏性方面，幼儿的剧目演出与普通儿童剧是有差距的，你认为在演出中对幼儿应该更加注重哪些方面的培养？

A

请你根据教学进度对本模块的每个任务依次进行评价。

评价任务	评价内容	评价标准	自　评	互　评
模块二 任务一　熟悉舞台区域	舞台区域划分	掌握舞台不同区域并合理安排舞台站位、上下场顺序	☆ ☆ ☆ ☆ ☆	☆ ☆ ☆ ☆ ☆
	剧目场景设置	根据舞台区域较为准确地分配剧本不同场景位置	☆ ☆ ☆ ☆ ☆	☆ ☆ ☆ ☆ ☆
	方案设计	根据教案撰写评分标准评价	☆ ☆ ☆ ☆ ☆	☆ ☆ ☆ ☆ ☆
	模拟试讲	根据模拟试讲评课标准评价	☆ ☆ ☆ ☆ ☆	☆ ☆ ☆ ☆ ☆
	团队协作	成员配合默契，活动效果好	☆ ☆ ☆ ☆ ☆	☆ ☆ ☆ ☆ ☆
模块二 任务二　熟悉场景与服（装）、化（妆）、道（具）的设计与制作	场景制作	根据剧目内容运用丰富的想象力较为准确地进行场景设计	☆ ☆ ☆ ☆ ☆	☆ ☆ ☆ ☆ ☆
	服、化、道制作	运用较为丰富的想象和动手能力进行剧目角色的装扮	☆ ☆ ☆ ☆ ☆	☆ ☆ ☆ ☆ ☆
	方案设计	根据教案撰写评分标准评价	☆ ☆ ☆ ☆ ☆	☆ ☆ ☆ ☆ ☆
	模拟试讲	根据模拟试讲评课标准评价	☆ ☆ ☆ ☆ ☆	☆ ☆ ☆ ☆ ☆
	团队协作	成员配合默契，活动效果好	☆ ☆ ☆ ☆ ☆	☆ ☆ ☆ ☆ ☆
模块二 任务三　熟悉剧目演出的组织与实施步骤	完成剧目组织与实施能力	在理解剧目的基础上，结合场景、道具有序安排演职人员进行分工和合作	☆ ☆ ☆ ☆ ☆	☆ ☆ ☆ ☆ ☆
	对音乐绘本剧认知力	结合绘本排演，提高举一反三的学习力	☆ ☆ ☆ ☆ ☆	☆ ☆ ☆ ☆ ☆
	方案设计	根据教案撰写评分标准评价	☆ ☆ ☆ ☆ ☆	☆ ☆ ☆ ☆ ☆
	模拟试讲	根据模拟试讲评课标准评价	☆ ☆ ☆ ☆ ☆	☆ ☆ ☆ ☆ ☆
	团队协作	成员配合默契，活动效果好	☆ ☆ ☆ ☆ ☆	☆ ☆ ☆ ☆ ☆

参 考 文 献

[1] 王翠莉，朱巧玲，李宝梅．学前儿童艺术教育 [M]．北京：语文出版社，2013．

[2] 悦之．京剧的乐器简介．搜狐，https://www.sohu.com/a/157724413_804333，2017.07.17．

[3] 鲁凌云，韩啸．儿童音乐剧在幼儿园音乐活动中的应用 [J]．参考网，2020-07-14．

[4] 蔡霞．奥尔夫音乐教育 [M]．上海：上海交通大学出版社，2021．

[5] 陈静奋，周洁．学前儿童音乐教育活动设计与指导 [M]．上海：上海交通大学出版社，2018．

[6] 曹冰洁，李婷．幼儿园音乐教学手册 [M]．上海：华东师范大学出版社，2011．

[7] 许洪帅．划船歌·80 首中华传统经典童谣 [M]．北京：中央音乐学院出版社，2015．

[8] 韩瀚．让孩子们把音乐玩起来——幼儿奥尔夫乐器合奏基础训练教程 [M]．北京：中央音乐学院出版社，2016．

[9] 陈福静．幼儿园主题活动的设计与实施策略 [M]．北京：中国轻工业出版社，2016．

[10] 李森，陈晓端．课程与教学论 [M]．北京：北京师范大学出版社，2014．

[11] 朱家雄．幼儿园教育活动设计与实施 [M]．北京：高等教育出版社，2008．

[12] 陈泽铭．幼儿园音乐有效教学六讲 [M]．上海：华东师范大学出版社，2012．

[13] 尹爱青．当代优秀音乐教育体系与教学法研究 [M]．长春：东北师范大学出版社，2009．

[14] 张金梅．幼儿园戏剧综合课程研究 [M]．南京：江苏教育出版社，2005．

[15] 居其宏．音乐剧·我为你疯狂：从百老汇到全世界 [M]．上海：上海教育出版社，2001．